プレップ
経済倫理学

柘植尚則

弘文堂

はじめに

　経済は、わたしたちにとって、身近で大切なものです。それだけに、わたしたちの生活を大きく左右します。ときには、わたしたちの人生まで変えてしまいます。

　このような経済について、倫理という視点から考えるのが「経済倫理学」です。では、倫理という視点から考えるとは、どういうことでしょうか。そもそも、倫理とは何でしょうか。

　倫理とは、人間が社会の一員として守るべきルールのことです。そのルールは、善や悪、正や不正、人間の生き方や社会のあり方を示すものです。そして、倫理という視点から考えるとは、「何が善くて、何が悪いのか」「何が正しくて、何が正しくないのか」「人間はどう生きるべきか」「社会はどうあるべきか」といった観点から考えることです。

　では、経済倫理学は、具体的には、何をするのでしょうか。

　まず、経済倫理学は、経済における倫理的な問題について考えます。過労死や過労自殺、企業の不祥事、市場の暴走による社会の混乱、自由な競争に伴う不平等や格差、大量生産や大量消費による環境破壊など、倫理的な問題には、いろいろなものがあります。経済倫理学は、そうした問題を取り上げ、批判的に検討します。

　そして、経済倫理学は、経済のさまざまな領域のあり方について考えます。労働はどうあるべきか。企業が果たすべき責任は何か。市場をどのように統制すべきか。不平等や格差をどこまで是正すべきか。生産や消費はどうあるべきか。経済倫理学は、このような問

いを立て、労働、企業、市場などのあり方を探ります。

　さらに、経済倫理学は、経済のあり方についても考えます。資本主義や社会主義とは何か。経済において人間はどうあるべきか。社会において経済はどうあるべきか。経済倫理学はこれらの問題についても考察します。

　じつは、経済倫理学は、最近になって始まったものです。ただ、経済における倫理的な問題はもちろん昔からあって、多くの人たちがそうした問題について考察を行ってきました。また、経済のあり方をめぐっても、多くの人たちが議論を交わしてきました。経済倫理学は、そうした考察や議論を受け継ぎ、新しい学問として、体系的に研究しようとするものです。

　この本は、そのような「経済倫理学」の「入門の入門」書です。新しい学問ということもあって、経済倫理学には、入門書もあまりありません。そこで、この本では、最も基本的なところから、経済倫理学を紹介することにしました。読者のみなさんの一助になれば幸いです。

著　者

• 目次 •

はじめに —— *iii*

1 経済倫理学とは ———————————— *1*

経済とは —— *1*

倫理とは —— *5*

経済と倫理 —— *8*

経済倫理学 —— *14*

2 経済倫理の歴史 ———————————— *17*

キリスト教 —— *17*

イスラーム —— *22*

仏教 —— *24*

儒教 —— *28*

日本 —— *30*

3 経済倫理学の歴史 ——————————— *33*

古代・中世 —— *33*

近代 —— *36*

現代 —— *45*

4　経済倫理学の原理 ——————————— *49*

幸福 —— *49*
権利 —— *51*
義務 —— *53*
正義 —— *56*
自由 —— *58*
平等 —— *60*
徳 —— *62*

5　労働 ——————————————— *65*

労働とは —— *65*
労働観の歴史 —— *67*
労働の尊厳 —— *70*
労働社会 —— *76*

6　企業 ——————————————— *81*

企業と個人 —— *81*
企業と社会 —— *85*
企業の理念 —— *90*
企業の管理 —— *92*

7 市場 —————————————— 97

市場と倫理 —— 97
市場の倫理 —— 101
市場の倫理性 —— 105
市場の統制 —— 109

8 経済体制 ———————————— 113

商業社会 —— 113
資本主義 —— 116
社会主義 —— 120
現代の経済体制 —— 125
所有の問題 —— 127

9 福祉 —————————————— 129

福祉とは —— 129
福祉の目的 —— 133
福祉の政策 —— 139
これからの福祉 —— 143

10 環境 ————————————— 145

環境問題 —— 145
環境の倫理 —— 148
産業社会 —— 153

環境と正義 —— 158

11 消費 —— 161

　　消費とは —— 161
　　消費社会 —— 164
　　消費者主権 —— 171
　　倫理的消費 —— 174

12 経済、人間、社会 —— 177

　　経済と人間 —— 177
　　経済と社会 —— 183
　　倫理的な経済 —— 189

おわりに —— 193

読書案内 —— 195

事項索引 —— 205

人名索引 —— 211

1
経済倫理学とは

　「経済倫理学」は、「経済」について「倫理」という視点から考察するものです。では、経済とは何でしょうか。倫理とは何でしょうか。経済と倫理はどのような関係にあるのでしょうか。ここでは、経済や倫理の本性、両者の関係について見ていきます。そのうえで、経済倫理学の特性や課題について説明します。

●──経済とは

生産・流通・消費

　まず、経済とは何でしょうか。一般的な定義では、経済とは、人間の生活に必要なものを「生産」し、「流通」させ、「消費」するという活動、あるいは、そうした活動を通じて形成される人間関係のことです。人間の生活に必要なもののうち、衣料・食糧・住居のような、形のあるものを「財」と言い、教育・医療・福祉のような、形のないものを「サービス」と言います。人びとは、財やサービスの生産・流通・消費という活動をすることで、そして、そうした活動を通じて他の人びとと関係を築くことで、日々の生活を送っています。一般に、このような活動や関係をまとめて、経済と呼んでいます。

　また、経済はふつう「貨幣」を媒介にしています。その場合、財やサービスは「商品」と呼ばれます。人びとは、商品を作り、それ

を売ってお金を手に入れ、そのお金で別の商品を買って、それを使います。そこで、経済とは、貨幣や商品の流れのことである、とも言われます。

　経済とは、財やサービスの生産・流通・消費に関わる活動や関係、あるいは、貨幣や商品の流れのことです。では、経済はどのような仕方で動いているのでしょうか。ここで、現代の経済のしくみについて大まかに見ておくことにします。

　まず、財やサービスの生産・流通・消費といった経済活動を行う存在のことを「経済主体」と言います。経済主体には、「家計」「企業」「政府」の三つがあります。

　家計は、企業や政府に労働力などを提供して、賃金などを受け取り、企業から財やサービスを購入して、それを消費します。企業は、家計から労働力などを購入して、財やサービスを生産し、それを家計などに販売して、利益を上げます。そして、政府は、家計や企業から税金を徴収して、公共的な財やサービスを提供します。このようにして、財やサービスは、貨幣を媒介として、家計・企業・政府の間で循環します。これを「経済循環」と言います。

　そして、財やサービスの生産・流通・消費といった経済活動を結びつけ、経済循環を成り立たせているのが「市場」です。市場とは、財やサービスなどが商品として取引される場のことです。

　市場は「自由競争」を原則としています。家計や企業は、商品を取引するさいに、政府の規制を受けることなく、自由に競い合うことができます。このような自由競争のもとで、商品の価格は需要と供給の関係で決定され、需要と供給は価格の変化によって調整されます。これが市場のしくみであり、そのおかげで、経済主体は安定した経済活動を行うことができます。

さらに、そのような市場を支えているのが「資本主義」という経済体制です。「経済体制」とは、特定の経済原理にもとづいた社会のしくみのことですが、現代では、多くの国が資本主義の経済体制をとっています。

　資本主義は、「私有財産制」「商品経済」「市場経済」「自由競争」「利潤追求の自由」などを原理としています。このうち、私有財産制とは、工場・機械・原材料などの生産手段を、企業が私的に所有することができる、というものです。また、商品経済とは、財やサービスが商品として生産され、流通し、消費される、というものです。さらに、利潤追求の自由とは、企業が市場で自分の利益を自由に追求することができる、というものです。このような原理にもとづいて、現代の資本主義の経済は動いています。

経世済民、エコノミー

　はじめに述べたとおり、経済とは、財やサービスの生産・流通・消費に関わる活動や関係、あるいは、貨幣や商品の流れのことです。ただし、経済という言葉は、もともと、それとは違う意味で用いられていました。

　日本語の「経済」は、中国の古典に見られる「経世済民」という言葉を語源としています。経世済民とは「世を治め、民を救う」ということです。つまり、経済は、もともと、よき統治による人民の救済という意味の言葉でした。

　また、英語の「エコノミー」は、ギリシア語の「オイコノミア」という言葉に由来します。オイコノミアとは、「家（オイコス）」の「法（ノモス）」、すなわち「家政」のことです。つまり、エコノミーは、もともと、家を治めるという意味の言葉でした。さらに、エ

コノミーには、「秩序」という意味もありました。そこで、エコノミーは「秩序ある統治」という意味で用いられ、のちには、家だけでなく、国家などに対しても用いられるようになりました。

このように、経済やエコノミーは、もともと、統治に関わる言葉でした。歴史的には、経済は、政治と一体のものと捉えられていましたが、やがて、政治とは別のものと見なされるようになりました。経済やエコノミーという言葉の意味が変わったのも、そのためとされています。

ですが、統治という元来の意味は、完全に失われたわけではありません。たとえば、現代の経済には、「経済政策」という分野がありますが、経済政策とは、その名のとおり、経済に関する政治の方策のことです。経済は、政治とは別のものとはいえ、今も政治と深く関わっています。

また、経済という言葉には、「民を救う」という意味もありました。それは、経済が人民の救済を主な目的としていたことを示しています。それに対して、現代の経済は、上の定義を見るかぎり、人民の救済を主な目的にはしていません。

ですが、民を救うという元来の意味も、完全に失われたわけではありません。人民の救済とは、人びとの「福祉」の実現のことです。そして、現代の経済でも、福祉は重要な分野の一つであり、主な目的でないとしても、重要な目的の一つです。

このように、経済は、まずは、財やサービスの生産・流通・消費に関わる活動や関係、あるいは、貨幣や商品の流れのことですが、それだけでなく、政治との関わりや福祉を含む、より広いものでもあります。

●——倫理とは

善／悪、正／不正

　次に、倫理とは何でしょうか。さしあたって言うと、倫理とは、人間が社会の一員として守るべき「ルール」のことです。そうしたルールを守らなければ、人間は社会のなかで生活することができません。そもそも、そうしたルールが無ければ、人間は社会を維持することもできません。倫理とは、言い換えると、人間が社会を維持し、社会のなかで生活するのに必要なルールのことです。

　ただ、このように言うと、倫理は、「礼儀」「作法」「法律」といった、ほかのルールと区別がつかなくなります。礼儀、作法、法律も、人間が社会の一員として守るべきルールです。では、それらと倫理とは、どこが違うのでしょうか。

　たとえば、礼儀や作法を守らなければ、恥をかくだけですが、倫理を守らなければ、責められます。また、倫理を守らなくても、ふつうは罰せられませんが、法律を守らなければ、かならず罰せられます。倫理は礼儀や作法よりも厳しいルールであり、法律は倫理よりもさらに厳しいルールです。このように、厳しさという点で、倫理は、礼儀や作法、法律と区別されます。

　ですが、この区別はあいまいです。たとえば、他人に親切にすることは礼儀や作法ですが、倫理でもあります。また、人を殺してはならないというルールは法律ですが、倫理でもあります。したがって、どこまでが倫理で、どこからが倫理でないのか、それをはっきりと決めることはできません。

　その理由は、じつは、倫理という言葉の広さにあります。もとも

と、倫理の「倫」は「人の輪」を、「理」は「すじみち」を表しています。つまり、倫理は、「人びとのあいだで行われるべき、正しい道」という意味の言葉です。言い換えると、社会で守られるべきルールのすべてをさす言葉なのです。

そこで、この本では、社会のルール全般という広い意味で倫理を捉え、礼儀、作法、法律を倫理のなかに含めることにします。とくに、法律については、倫理のうちでとくに重要なものが法律とされる、と考えることにします。

また、倫理に近い言葉として、「道徳」があります。道徳とは、人として行うべき「道」や身につけるべき「徳」のことですが、この本では、道徳を倫理と同じ意味で用いることにします。

では、倫理というルールは、具体的には、どのようなものでしょうか。ひとことで言うと、それは「善／悪」「正／不正」を示すものです。何が善くて、何が悪いのか。何が正しくて、何が正しくないのか。それを示すのが倫理です。

そして、倫理は、善／悪、正／不正を、命令や禁止という形で示します。つまり、「〜しろ／〜するな」「〜しなければならない／してはならない」「〜すべきである／すべきでない」といった言葉で、あることを命じたり禁じたりすることによって、善いことや悪いこと、正しいことや正しくないことを示します。

さらに、倫理は、命令や禁止という形で、人間の行為を規制しようとします。つまり、命じたり禁じたりすることによって、人びとが善いことや正しいことを行い、悪いことや正しくないことを行わないように導こうとします。一般に、倫理は、このような強制力を伴ったものと考えられています。

人間の生き方、社会のあり方

　倫理とは、まずは、人間が社会の一員として守るべきルールのことです。それは、命令や禁止という形で、善／悪、正／不正を示すものであり、さらに、人間の行為を規制しようとするものです。しかし、それだけではありません。倫理は「人間の生き方」を示すものでもあります。では、それはどういうことでしょうか。

　たとえば、人に会ったら、自分からあいさつをすべきである、という倫理のルールは、あいさつをすることは善いことである、ということを示しているだけではありません。それは、他人を尊重することが人間にとって望ましい生き方である、ということも示しているのです。

　倫理が人間の生き方を示すものであることは、倫理という言葉の意味からも知ることができます。「倫理」は、「人びとのあいだで行われるべき、正しい道」という意味の言葉ですが、「道」は、ルールだけでなく、人間の生き方も表しています。また、「道徳」は、人として行うべき「道」や身につけるべき「徳」という意味の言葉ですが、やはり、人間の生き方を表しています。

　また、倫理には、「慣習」や「習俗」という意味もあります。日本語の「倫理」は、英語では「エシックス」と言い、その語源はギリシア語の「エートス」ですが、このエートスには、慣習や習俗という意味があります。また、日本語の「道徳」は、英語では「モラル」と言い、その語源はラテン語の「モーレス」ですが、その意味はエートスとほとんど同じです。慣習や習俗とは、社会の「ならわし」や「しきたり」、つまり、社会で広く認められている行動様式や生活様式のことです。そして、行動様式や生活様式とは、要するに、人間の生き方のことです。

さらに、倫理は、人間の生き方だけでなく、「社会のあり方」を示すものでもあります。なぜなら、人間の生き方と言っても、それは社会における人間の生き方であり、それゆえ、人間の生き方を示すことは、同時に、そうした人間からなる社会のあり方も示すことになるからです。先ほどの例で言うと、人に会ったら、自分からあいさつをすべきである、という倫理のルールは、他人を尊重することが人間にとって望ましい生き方である、ということを示しているとともに、人びとがお互いを尊重することが社会にとって望ましいあり方である、ということも示しているのです。

　このように、倫理は、善／悪、正／不正だけでなく、人間の生き方や社会のあり方も示すものです。もっとも、善／悪、正／不正と、人間の生き方や社会のあり方とは、言ってみれば、コインの裏表の関係にあります。なぜなら、人間にとって望ましい生き方とは、ふつうは、人間の「善い」「正しい」生き方のことであり、社会にとって望ましいあり方とは、社会の「善い」「正しい」あり方のことであるからです。何が善くて、何が悪いのか。何が正しくて、何が正しくないのか。それを示すことは、人間はどう生きるべきか、社会はどうあるべきか、を示すことでもあります。

◆── 経済と倫理

経済と倫理は対立する

　経済とは、財やサービスの生産・流通・消費に関わる活動や関係、あるいは、貨幣や商品の流れのことであり、倫理とは、人間が社会の一員として守るべきルールのことです。それでは、経済と倫理は

どのような関係にあるのでしょうか。

　まず、「経済と倫理は対立する」と語られることがよくあります。その例として挙げられるのは、「企業の不祥事」です。企業の不祥事には、消費者や住民の生命や健康を害する、製品の欠陥を隠して事故を引き起こす、食品の産地や消費期限を偽って利益を上げる、事前に談合して公正な競争を妨げる、会計をごまかして株主に損害を与える、といったものがあります。こうした不祥事は、司法や行政による処罰や社会による制裁にもかかわらず、次々と起こり、無くなることがありません。

　では、企業の不祥事はなぜ無くならないのでしょうか。その原因の一つとされるのは、ビジネスにおける「モラル・ハザード」と呼ばれる事態です。ビジネスとは、狭い意味では、市場における商業上の取引のことであり、広い意味では、商売や事業、仕事や職業、企業や経営など、経済的な活動や世界のことです。モラル・ハザードとは、そのビジネスにおいて、企業が道徳を欠き、道徳に反する行為を行い、道徳的な責任を取らないことです。

　そして、モラル・ハザードの背後にあるのは、「ビジネスは道徳に関わらない」という考え方です。この考え方を「ビジネスの没道徳性」と言います。それによると、ビジネスの目的は、市場における取引によって利益を上げることであって、道徳を守ることではありません。この考え方にもとづいて、企業はしばしば、利益を上げるために、道徳に反する行為をするのです。もちろん、企業は、はじめから道徳に反しているわけではありません。道徳に関心がないだけです。しかし、道徳に関心がないために、しばしば道徳に反する行為をしてしまうのです。

　さらに、モラル・ハザードの背後には、「ビジネスと道徳は両立

しない」という考え方もあります。それによると、道徳はしばしばビジネスの妨げになります。また、道徳を守るよりも破るほうが、利益が上がることもあります。この考えにもとづいて、企業はしばしば、道徳を無視したり、道徳よりも利益を優先したりするのです。この場合には、企業は、はじめから道徳に反する姿勢をとっていることになります。

　では、本当に、ビジネスは道徳に関わらないのでしょうか。ビジネスと道徳は両立しないのでしょうか。

　道徳、すなわち、倫理とは、人間が社会の一員として守るべきルールのことであり、先に述べたとおり、社会で守られるべきルールのすべてをさすものです。そして、ビジネスは、言うまでもなく、社会のなかで営まれます。あるいは、ビジネスの世界も一つの社会です。だとすれば、ビジネスは道徳と無関係ではありえません。じっさい、ビジネスもさまざまなルールに従って営まれます。そのルールには、ビジネスに特有のものもあれば、社会全体で広く通用しているものもあります。

　また、道徳がビジネスの妨げになることや、道徳を守るよりも破るほうが、利益が上がることも、確かにあります。しかし、だからと言って、道徳を無視したり、道徳よりも利益を優先したりすれば、結果として、信用を失い、ビジネスを続けられなくなります。そこで、信用を保ち、ビジネスを続けるには、道徳に配慮し、利益よりも道徳を優先することが必要になります。そして、そうすることが、長い目で見れば、利益につながることもあります。つまり、ビジネスと道徳が両立することもあるのです。

　次に、経済と倫理の対立が語られるとき、しばしば、その前提にあるのは、「経済は劣ったものである」という考えです。昔から、

経済は、政治や文化と比べて低く見られてきました。それに合わせて、倫理は、経済活動を卑しいものと見なし、ときには、貪欲・奢侈・虚栄の表れとして非難してきました。そうした経緯から、経済と倫理は対立すると語られているのです。

では、経済は劣ったものであるという考えは、どこから来ているのでしょうか。それは、経済活動を担ってきたのが、身分や地位の低い人びとであった、というところから来ています。つまり、階級社会にもとづいたものです。それゆえ、経済は劣ったものであるという考えは、現代では通用しませんし、それをもとに、経済と倫理は対立すると主張することもできません。

そもそも、経済とは、人間の生活に必要な財やサービスの生産・流通・消費に関わる活動のことです。それは、人間が生きていくうえで欠かせない活動であり、卑しいものであるどころか、尊いものです。それゆえ、経済は、本来、倫理がまずもって重視しなければならないものなのです。

多くの人は、経済と倫理を対立するものと捉えています。ですが、以上から明らかなように、両者が対立すると簡単に言うことはできません。

経済と倫理は一致する

さて、経済と倫理の対立が語られる一方で、「経済と倫理は一致する」と語られることもあります。では、両者が一致するとは、具体的には、どのような場合でしょうか。

第一に、倫理的な行為が利益をもたらす、という場合です。たとえば、道徳を破ることが利益になるとしても、道徳を守りつづければ、取引先から信用され、より大きな利益が得られることもありま

す。また、近年、「企業の社会的責任」が唱えられていますが、それをうけて、社会的な責任を積極的に果たしていけば、社会から高い評価を得て、業績が上がることもあります。

　第二に、経済活動を通じて道徳的になる、という場合です。経済で成功するには、たとえば、誠実さ・勤勉さ・堅実さが必要になりますが、人びとは、経済活動をするなかで、じっさいに、誠実・勤勉・堅実になっていきます。

　第三に、経済が社会に利益をもたらす、という場合です。市場では、人びとは自分の利益だけを求めて自由に競争しますが、そうした自由競争が調和を生み、社会に利益をもたらします。社会の利益はまさに倫理が求めるものであり、その意味で、経済は倫理と一致します。

　そして、第四に、経済のルールと社会のルールが一致する、という場合です。経済にもルールがあって、それは「経済倫理」と呼ばれています。この経済倫理と、社会全体で広く通用しているルールとが一致するときには、あるいは、対立しないときには、経済と倫理はおのずから一致します。

　では、これらの場合において、本当に、経済と倫理は一致していると言えるのでしょうか。

　まず、第一の場合には、より大きな利益を得るために道徳を守るとすれば、あるいは、業績を上げるために社会的責任を果たすとすれば、それは倫理的な行為と言えるのか、という問題があります。そして、そのような行為は、倫理を経済の手段とすることであって、偽善にすぎない、という異論もあります。

　また、第二の場合には、人びとが経済活動を通じて道徳的になることは事実であるとしても、そうした人びとを道徳的な人と呼んで

よいのか、という問題があります。そして、真に道徳的な人とは、道徳的であることを目的や意図とする人のことであり、経済活動を通じて道徳的になった人びと、すなわち、結果としてそうなった人びとは、真に道徳的とは言えない、という異論もあります。

さらに、第三の場合には、自由な競争が調和を生み、社会に利益をもたらすのか、という問題があります。なぜなら、歴史が示すとおり、自由競争が混乱を生み、社会に不利益をもたらすこともあったからです。また、社会に利益をもたらすとしても、それで倫理的と言えるのか、という問題もあります。なぜなら、自由競争は、社会全体を豊かにする一方で、大きな不平等や格差を生み出すこともあるからです。

そして、第四の場合には、経済のルールが社会のルールと一致しうるのか、という問題があります。そして、経済倫理は、じつのところは、経済のための倫理、経済に役立つ倫理なのであり、社会のルールと一致するよりも対立することのほうが、むしろ普通である、という異論もあります。

以上のように、経済と倫理の一致についても、いろいろな議論があります。それゆえ、やはり、両者が一致すると簡単に言うことはできません。

経済と倫理の関係は、単純なように見えて、じつは複雑です。経済と倫理は、必ず対立するわけでもなければ、必ず一致するわけでもありません。両者は、対立することもあれば、一致することもあります。どちらも、人間が社会のなかで生活するのに必要なものであり、どちらかを取って、どちらかを捨てる、というわけにはいきません。さしあたっては、このように言うことができます。

・── 経済倫理学

経済倫理学の特性

　ここまで、経済と倫理の本性、両者の関係について見てきました。それらをふまえ、ここからは、経済倫理学の特性や課題について説明することにします。

　冒頭で述べたように、経済倫理学は、倫理という視点から経済について考察するものです。その特性は、まずは「倫理という視点」にあります。では、それはどのような視点でしょうか。

　先に見たとおり、倫理とは、人間が社会の一員として守るべきルールのことであり、そのルールは、善／悪、正／不正、人間の生き方、社会のあり方を示すものです。それゆえ、倫理という視点は、「善／悪」「正／不正」「人間の生き方」「社会のあり方」という視点にほかなりません。そして、倫理という視点から考察するとは、分かりやすく言うと、「何が善くて、何が悪いのか」「何が正しくて、何が正しくないのか」「人間はどう生きるべきか」「社会はどうあるべきか」という観点から考えることです。

　では、倫理という視点から経済について考察するとは、どういうことでしょうか。先に見たとおり、経済とは、財やサービスの生産・流通・消費に関わる活動や関係、あるいは、貨幣や商品の流れのことです。そうした活動や関係、流れのなかで、さまざまな問題が生じますが、そのうちには、倫理的な問題もあります。倫理的な問題とは、善／悪、正／不正、人間の生き方、社会のあり方に関わる問題のことです。経済倫理学は、経済における倫理的な問題について考え、さらに、そうした問題を手がかりにして、経済のあり方

についても考えます。「倫理的な問題」を通して「経済のあり方」を考える。そこにも、経済倫理学の特性があります。

さらに、経済倫理学の特性は「考え方」にもあります。経済倫理学は「倫理学」の一分野であり、倫理学は「哲学」の一部門です。哲学とは、ひとことで言うと、ものごとについて「原理的・根本的に考える」ことです。つまり、ものごとの原理や根本にまで立ち返り、その原理や根本そのものを問題にすることです。そして、経済倫理学は、哲学の一つとして、経済における倫理的な問題や経済のあり方について、原理的・根本的に考えるものです。

経済倫理学の課題

では、経済倫理学の課題とは、具体的には、どのようなものでしょうか。

第一に、経済における倫理的な問題について考察することです。倫理的な問題には、過労死や過労自殺、企業の不祥事、市場の暴走による社会の混乱、自由な競争に伴う不平等や格差、大量生産や大量消費による環境破壊など、さまざまなものがあります。経済倫理学は、そうした問題を取り上げ、問題の背後にある考えを明らかにして、それについて批判的に検討します。

第二に、従来の倫理や経済倫理について再考することです。倫理的な問題の背後にある考えは、多くの場合、従来の倫理や経済倫理として現れているか、それらによって支えられています。そこで、経済倫理学は、それらについても批判的に検討します。

第三に、経済のさまざまな領域のあり方について考察することです。労働はどうあるべきか。企業が果たすべき責任は何か。市場をどのように統制すべきか。不平等や格差をどこまで是正すべきか。

生産や消費はどうあるべきか。経済倫理学は、経済における倫理的な問題を手がかりにして、こうした問いを立て、労働・企業・市場など、経済のさまざまな領域のあり方を探究します。

　第四に、経済と倫理に関連する概念について検討することです。経済倫理学は、上の課題に取り組むために、経済と倫理に深く関わる概念についても考察する必要があります。重要な概念として、正義、自由、平等、所有などがあります。

　そして、第五に、経済そのもののあり方を探究することです。経済倫理学は、経済のさまざまな領域のあり方についての考察をふまえて、倫理という視点から、どのような経済体制が望ましいのか、社会において経済はどうあるべきか、といった問題について考察します。それは、従来の倫理や経済倫理に代わる、新たな倫理や経済倫理を打ち立てる試みでもあります。

　以上、経済倫理学の特性と課題について説明してきました。次章からは、このような経済倫理学を広く紹介していきます。まず、その準備として、伝統的な経済倫理について見ておきます。そのうえで、古代から現代に至る経済倫理学の歴史を辿り、経済倫理学における主な原理について説明します。そして、それをもとに、労働、企業、市場、福祉、環境、消費といった、経済のさまざまな領域における倫理的な問題について考えていきます。併せて、資本主義などの経済体制をめぐる問題についても考えます。最後に、これまでの話をふまえて、経済のあり方を探ります。

2
経済倫理の歴史

「経済倫理」は、古来より、宗教や伝統思想と深く結びついてきました。ここでは、キリスト教、イスラーム、仏教、儒教の経済倫理について見ていきます。また、日本の伝統的な経済倫理についても見ることにします。

● キリスト教

『旧約聖書』

キリスト教は、ユダヤ教から生まれたものであり、ユダヤ教の聖典をみずからの聖典の一つとし、それを『旧約聖書』と呼んでいます。そこで、『旧約聖書』の経済倫理から見ていきます。

まず、『旧約聖書』では、「富」は神から賜ったものであり、神から祝福されていることのあかしである、と考えられています。たとえば、「創世記」には、神がイスラエル人の祖先アブラハムを祝福し、家畜や金銀などを与えたので、アブラハムが裕福になった、と記されています。

ただし、不正な仕方で富を得ることは禁じられています。たとえば、嘘や偽りによって財を蓄えること、売り惜しみをすること、賄賂をとることが、強く非難されています。

また、勤勉な者は豊かになり、怠惰な者は貧しくなるとして、勤勉が勧められ、怠惰が戒められています。さらに、富を失わせるも

のとして、贅沢や奢侈も戒められています。

このように、『旧約聖書』では、富はおおむね肯定されています。ですが、もちろん、至上のものとは考えられていません。そして、富に優るものとして、知識や知恵、分別、慈善、正義、完成などが説かれています。

次に、『旧約聖書』では、同じイスラエル人に対して「利子」を付けて金を貸すことが禁止されています。たとえば、「レビ記」には、同胞から利子や利息を取ってはならない、神を畏れ、同胞がともに生きられるようにしなさい、と記されています。

その一方で、『旧約聖書』の「申命記」には、外国人に対しては利子を付けて金を貸してもよい、と明記されています。この一文がのちに、多くのユダヤ教徒が金融業を営むことを正当化した、とされています。

『新約聖書』

では、キリスト教は、富や利子について、どのように考えているのでしょうか。

『新約聖書』では、富だけでなく神も必要であることが説かれています。たとえば、「マタイによる福音書」には、神の子イエス・キリストが悪魔に対して「人はパンだけで生きるものではない。神の口から出る一つ一つの言葉で生きる」という『旧約聖書』「申命記」の有名な言葉を示した、と記されています。

また、『新約聖書』では、富と神が両立しないことが述べられています。たとえば、「ルカによる福音書」には、次のようなイエスの言葉があります。「どんな召し使いも二人の主人に仕えることはできない。一方を憎んで他方を愛するか、一方に親しんで他方を軽

んじるか、どちらかである。あなた方は、神と富に仕えることはできない」。

さらに、『新約聖書』では、富者が天国に行くのは困難であることが強調されています。「マタイによる福音書」には、イエスが弟子に語った有名な言葉があります。「はっきり言っておく。金持ちが天の国に入るのは難しい。重ねて言うが、金持ちが神の国に入るよりも、らくだが針の穴を通る方がまだ易しい」。

そこで、これらの考えを合わせると、キリスト教では、富が否定されているようにも見えます。では、それらは何を意味しているのでしょうか。

一般的な理解では、富は「経済」を、神は「信仰」をさしています。そして、「富だけでなく神も必要である」とは、信仰の必要性や重要性を、「富と神は両立しない」とは、経済に対する信仰の優位を、「富者が天国に行くのは困難である」とは、信仰なき経済に対する非難を、それぞれ意味しています。

それゆえ、キリスト教において、富が否定されているわけではありません。否定されているのは、神を忘れた、行き過ぎた富の追求です。とはいえ、ユダヤ教と比べると、富に対する評価は低いように思われます。

次に、利子についてはどうでしょうか。歴史的には、キリスト教は、利子を取ることを禁止してきました。そして、外国人から利子を取ることを認めているとして、ユダヤ教を非難してきました。ただし、『新約聖書』には、利子を禁じるどころか、利子を認めるような記述も見られます。そこで、キリスト教が利子を禁止したのは、ユダヤ教を排斥するためであった、という解釈もあります。

そして、時代が下り、中世の後期になると、キリスト教も利子を

条件付きで認めるようになりました。その背景には、ヨーロッパの経済発展や、教会の財政上の事情があったとされています。

プロテスタンティズム

　さらに、中世の末期には、キリスト教の内部で、教会の腐敗に対する批判が強まり、改革運動が起こりました。それを「宗教改革」と言います。その結果、キリスト教は、旧来の「カトリシズム」と新たな「プロテスタンティズム」に分裂しました。そして、プロテスタンティズムがキリスト教の経済倫理を大きく変えることになったのです。

　プロテスタンティズムを代表する思想家は、ドイツのルターとフランスのカルヴァンです。

　ルターはまず、教会の権威を批判し、神のもとの平等を主張しています。ルターによると、人間は、教会に寄進したり、教会が発行する免罪符を買ったりしても、救われません。人間を救うことができるのは、神の恵みだけであり、人間は、神を信仰するによってのみ、救われるのです。そして、神を信仰することで、正しい者になれるのです。それゆえ、人間は、教会に従うのではなく、聖書だけに従うべきです。そして、神を信仰する者はすべて、司祭なのであり、神のもとでは平等なのです。

　そのうえで、ルターは、あらゆる職業が神聖であると主張しています。ルターによると、聖職者の仕事だけが神聖なわけではありません。すべての職業は、「召命」、すなわち、神から召されて与えられた使命であり、それゆえに、神聖な義務なのです。このような考え方を「職業召命観」と言います。ちなみに、「召命」を表すドイツ語の「ベルーフ」は、現在では、「職業」という意味でも用いら

れています。

　ルターの職業召命観は、世俗的な職業の地位を高めるものとして、農民・職人・商人などに受け入れられるようになりました。そして、その考え方をさらに展開したのがカルヴァンです。

　カルヴァンによると、神は、救われる人間と滅びる人間をあらかじめ定めています。人びとは、自分が救われるのか、それとも滅びるのか、知ることができませんし、また、神の定めを善行によって変えることもできません。人間が救われるかどうかは、もっぱら神の意志によっています。このような考え方を、一般に「予定説」と言います。

　そのうえで、カルヴァンは次のように論じています。神は、救われる人間と滅びる人間をあらかじめ定めたが、それとともに、すべての人間に対して職業を与えた。職業は、神から召されて与えられた使命である。つまり、神の栄光を実現するために、人間が奉仕する場である。それゆえ、人間には、神の定めに従い、自分の仕事に励む義務がある。カルヴァンはこのように論じて、予定説と職業召命観を結びつけています。

　そして、カルヴァンの議論に従うならば、神の召命たる職業で成功することは、神による救済のあかしである、ということになります。そこで、人びとは、そのあかしを求めて、仕事に励み、仕事で成功しようと努めました。そして、仕事で得た利益を使ってしまうのではなく、みずからは禁欲的な生活を送り、利益を仕事の拡大に用いました。こうして、禁欲という職業倫理が生まれ、経済が大きく発展したのです。

　カルヴァンの思想は、世俗的な職業を正当化するものとして、商工業者や独立自営農民から支持されるようになりました。そして、

それによって、新たな職業倫理を生み出し、大きな経済発展を引き起こしたとされています。ドイツのウェーバーは、プロテスタンティズムの「世俗内禁欲」という倫理が、「資本主義」の精神を形成し、近代の経済発展をもたらした、と説明しています。

── イスラーム

宗教と経済

　次に、イスラームの経済倫理について見ていきます。

　イスラームの聖典は、神アッラーが預言者ムハンマドに与えた啓示を記した『クルアーン（コーラン）』であり、『クルアーン』をもとにして作られたのが、イスラーム法「シャリーア」です。教徒の務めは、何よりもまず、『クルアーン』と「シャリーア」にある、さまざまな定めを守ることです。その定めには、宗教的な信仰や実践に関するものだけでなく、結婚、相続、養育、商売など、日常生活に関するものあります。つまり、イスラームの考えでは、日常生活のすべてが信仰のあかしなのです。そのことを「タウヒード（聖俗不分離）」と言います。

　そこで、経済活動も、宗教的な日常生活の一部をなしています。ただし、それは、あくまで一部であって、けっして中心的なものではありません。たとえば、生きるために労働することは、宗教上のさまざまな義務の一つにすぎません。それゆえ、信仰のために経済活動を顧みないことも許されます。反対に、経済活動のために信仰を疎かにすることは許されません。イスラームでは、宗教はつねに経済に優先するのです。

とはいえ、経済活動も宗教的な日常生活の一部であり、労働も宗教上の義務の一つです。それゆえ、それらは否定されているのではありません。たとえば、『クルアーン』には、アッラーの恵みを求めること、すなわち、商売を行うことは、罪ではない、と明記されており、信仰に反しないかぎりで、商業が認められています。また、ムハンマドがもともと商人であったこともあって、イスラームでは、商業が理想の職業と考えられています。

金融の問題

また、イスラームの経済倫理の大きな特徴として、金融に関する独自の考え方があります。

たとえば、『クルアーン』には、アッラーは、商売はお許しになったが、利息取りは禁じられた、と記されています。そのため、イスラームでは、利子を取ることが禁止されています。それは、具体的には、元本が保証される形で貸付を行い、利子を取得するものであり、アラビア語で「リバー」と言います。リバーは、シャリーアに反するものとして、厳しく禁じられています。利子に対するこのような考え方は、金融業を著しく制約するものであり、そのために、イスラーム社会では、西洋社会のような銀行業が成立しなかったと言われています。

では、リバーが禁じられるのはなぜでしょうか。イスラームの考え方では、それは、借り手だけがリスクを負い、貸し手がまったくリスクを負わないからです。言い換えると、リバーが一種の不労所得であるからです。商売では、誰もがリスクを負わなければなりません。そのようにして得られた利益だけが正当なものです。

このような考え方の背後には、アッラーのもとでは、あらゆる人

が平等である、という考え方があります。そこで、商売においては、人びとが対等な立場で直接取引を行うことが原則とされています。これを「直接性の経済」と言います。そして、個人間の直接的な取引を原則とするところから、イスラームは、西洋の銀行業のように、貸し借りを「仲介」する金融業を認めないのです。

　現代では、イスラーム社会でも、銀行は存在します。イスラーム銀行はさまざまな業務を行っていますが、現在でも、リバーのような不当な利子を取ることはしていません。そして、何より、利益そのものを目的とはしていません。イスラームにとって、経済活動はあくまで宗教的な生活の一部なのです。

── 仏教

初期仏教

　続いて、仏教の経済倫理について見ていきます。

　まず、仏教では、経済活動が肯定されており、さらに、財をもたらす「勤勉」が奨励されています。たとえば、初期の経典には、一日熱心に仕事に励む店主は、財を得ることができ、また、すでに得た財を増やすことができる、と記されています。つまり、勤労による財の獲得や蓄積が推奨されています。ただし、もちろん、経済活動が無条件に肯定されているわけではありません。正しい法に従い、不正を排することが、経済活動の条件とされています。

　また、仏教では、経済活動に関わって、財をもたらさない「怠惰」が戒められたり、財を失わないように「禁欲」が勧められたりしています。もっとも、仏教は、ひたすら勤労し、禁欲することを

求めているわけではありません。良い家の人は、財の収入と支出を知り、釣り合いのとれた生活を送り、快楽にも、困窮に堕ちることはない、として、バランスある経済生活を説いています。それは、「中道」という仏教の基本理念にもとづくとされます。中道とは、極端に陥らないというあり方のことです。

さらに、仏教では、「施与」、すなわち、財を他人に施し与えることが強調されています。正しい法に従って得られた財であっても、蓄えられるだけでは、意味がありません。それは、とくに他人のために用いられることで、はじめて意味をもつのです。財を集めるのは、つまるところ、それを他人と分かち合うためです。仏教が経済活動を肯定するのも、じつは、このような施与の考えを前提にしているからです。それは、「縁起」という仏教の基本理念にもとづくとされます。縁起とは、すべてのものが互いに依存している、という法則のことです。

このように、仏教は、施与という考えを前提にして、経済活動を肯定し、勤勉や禁欲を勧め、適度な経済生活を説いています。ただし、それは、「在家」の信者に対するものであって、「出家」した僧侶に対するものではありません。そして、初期仏教では、悟りに至ることができるのは、僧侶だけである、と考えられていました。

大乗仏教

ところが、のちになると、僧侶だけでなく、一般の信者も悟りに至ることができる、と主張されるようになりました。このように主張したのは、「大乗仏教」という新しい立場の仏教です。

「大乗」は大きな乗り物という意味です。大乗仏教とは、ひとことで言うと、万人の救済をめざす仏教のことです。大乗仏教は、出

家の生活と在家の生活を区別せず、さらに、両者が同じものであると考えます。それを「聖俗一致」「聖俗不二」と言います。そして、従来の仏教が出家を中心とし、個人の悟りをめざすのに対して、大乗仏教は、むしろ在家を中心とし、万人の救済をめざします。

このような大乗仏教において、理想の生き方とされるのが「菩薩」です。菩薩とは悟りを求める者のことですが、その菩薩は、万人が救済されないかぎり、自分も救済されない、という誓いを立て、人びとに対して「慈悲」を実践します。

そして、大乗仏教は、在家の信者に対して、菩薩のように生きることを説いています。たとえば、商人であれば、人びとの生活に必要なものを供することで自分の利益も上げる商人が、菩薩にたとえられています。このように、他人を利することで自分も利することを、「自利利他行」と言います。この自利利他行が、大乗仏教における経済倫理の原理になっています。

さらに、商人の例から明らかなように、大乗仏教では、経済活動などの日常生活が、悟りに至るための「修行」として考えられています。そして、大乗仏教の経典『維摩経』では、悟りに至る道は、出家よりも在家のほうがよい、とか、俗世に身を置き、人としてすべきことをすることこそ、仏道修行である、と説かれています。

このように、大乗仏教は経済活動に宗教的な意味を与えています。ここに、大乗仏教の大きな特徴があります。

日本仏教

大乗仏教は、中国を経由して、日本に伝えられました。それは奈良時代のことでしたが、鎌倉時代になって、そこから、独自の「日本仏教」が誕生しました。

日本仏教の大きな特徴として、「専一」という考え方があります。専一とは、他のことを顧みず、一つのことに打ち込むことです。それは、複雑で多様なものから一つを選び取り、それに集中すること、そして、一つに集中することで、すべてに通じることでもあります。この専一という考え方によって、日本では、日常生活を修行とする大乗仏教の考え方がいっそう強くなりました。

　そして、鎌倉時代以降、浄土宗、禅宗、浄土真宗など、日本仏教は、世俗の職業を修行として考え、それに宗教的な意味を与えるようになりました。さらに、その流れを完成させたのが、江戸時代の初期の禅僧、鈴木正三です。

　正三はまず、世間の法が仏の教えと異なるものではないとして、両者の一致を唱えています。それを「世法則仏法」と言います。そのうえで、正三は、世俗の職業が仏道修行であると主張しています。それを「仏行即世俗業」と言います。この考え方は、どのような職業でも、それに専心するときには、仏道修行になる、というものであり、「職分仏行説」と呼ばれています。

　正三は、武士・農民・職人・商人のそれぞれに向けて、その職業のあり方について説いています。なかでも、とくに重要とされているのは、商業についての説明です。それによると、商人はまず、正直の道を学ぶべきであり、それにより、天から恵みを受けますが、反対に、私欲に囚われて、自分と他人を分け隔て、人を出し抜く者は、天のたたりを受けます。そして、私欲を捨て、商売を天職と考え、国や民のために、商いに専心すれば、利益が与えられ、さらに悟りに至るのです。正三はこのように説明し、商業を仏行として積極的に認めています。

　正三の説明は、商業の地位が低かった江戸時代にあって、それを

高めるものであり、商人から大いに支持されました。そのことから、正三は、日本の資本主義倫理の確立に重要な役割を果たしたと評されています。

── 儒教

「義」と「利」

次に、儒教の経済倫理について見ていきます。儒教は中国の孔子を祖とし、孟子や荀子など、数多くの思想家に受け継がれました。そして、日本にも伝えられ、大きな影響を与えました。

儒教の経済倫理とは、「経世済民」すなわち「世を治め、民を救う」という「統治」に関する倫理のことです。それは、キリスト教・イスラーム・仏教のような、個人の経済活動に関する倫理とはまったく異なります。そして、儒教の経済倫理の主題として、たとえば、「義」と「利」の問題や「欲」の問題があります。

まず、義と利の問題とは、よき統治のためには、義と利はどのような関係にあるべきか、という問題です。義と利の関係は、言い換えると、倫理と経済の関係でもあります。

儒教の教典の一つであり、その入門篇とされる『大学』では、国は、「利をもって利となさず、義をもって利となす」、つまり、君主の私益をもって国益とするのではなく、社会の正しい道理をもって国益とすることが説かれています。また、徳と財の関係について、君主の徳が民を服させ、民が領土を作り、領土が財を生むとして、「徳が本なり、財が末なり」と主張されています。このように、『大学』では、よき統治における、利に対する義の優位、財に対する徳

の優位が唱えられています。

　また、儒教で最も重要な教典である『論語』でも、利に対する義の優位が唱えられています。たとえば、成人は「利を見ては義を思い」、君子は「得るを見ては義を思う」として、義にかなうことが、利を得るための条件とされています。また、孔子は、倫理と経済の関係について、政策の順序としては、経済が倫理に先んじるとはいえ、価値としては、倫理が経済に優る、と考えています。

　そして、弟子の孟子も、師と同じ考えをとっています。「恒産無くして、恒心無し」という有名な言葉は、民は仕事や収入を失うと、道徳心も失う、というものですが、それは経済が倫理の条件であることを意味するものであって、経済が倫理に優ることを意味するものではありません。また、孟子は、「義を後にして利を先にする」ことは国を危うくするとして、「先義後利」を唱えています。

　さらに、荀子も、孔子や孟子の考え方を受け継いでいます。ただし、人間は生まれつき利を欲するものであるとして、人間が義と利の両方を有していることを強調しています。そのうえで、君主が義を重んじれば、義が利に優って、国が治まり、その反対に、利を重んじれば、利が義に優って、国が乱れる、と論じています。

「欲」

　次に、欲の問題とは、よき統治のためには、人間の欲望をどのように扱うべきか、という問題です。それは、人間の本性に関する問題でもあります。

　たとえば、孟子は人間の本性を善と考えています。人間には、生まれつき、憐れみの心、悪を憎む心、謙遜の心、善悪を見分ける心があります。そこで、それらの心を養うことで、人間は、仁・義・

礼・智という徳をもつことができます。このような孟子の考えを「性善説」と言います。

　そして、この性善説の考えに立って、孟子は、よき統治のためには、人びとの欲を少なくすることが望ましい、と主張しています。孟子によると、欲の少ない者のうちで、心が善くない者は、ほとんどいません。また、欲の多い者のうちで、心の善い者は、ほとんどいません。それゆえ、人の心を養い、よき統治を行うには、欲を少なくするのが最もよい方法です。

　また、荀子は、孟子とは反対に、人間の本性を悪と考えています。人間は、生まれつき、自分の利を求め、他人を妬むものです。そこで、争いを避けるには、人間を、礼というルールに従わせる必要があります。このような荀子の考えを「性悪説」と言います。

　そして、この性悪説の考えに立って、荀子は、よき統治のためには、人びとの欲を抑えるしかない、と主張しています。荀子によると、欲は人の本性であり、それを少なくしたり、無くしたりすることはできません。また、欲には限りがありません。それゆえ、よき統治を行うには、人びとの欲を抑えるほかに方法はありません。さらに、荀子は、礼や義によって欲に境界を設け、欲を制限して、人びとの憂いや争いを除くことを唱えています。

●── 日本

石田梅岩

　最後に、日本の伝統的な経済倫理についても見ておきます。代表的な思想家としては、江戸時代の中期の石田梅岩、後期の二宮尊徳

が挙げられます。

　石田梅岩は、日常生活の道徳を説き、とくに「商人の道」を唱えています。梅岩によると、商人の道とは、売買で利益を得ることです。利益を取らないのは、商人の道ではありません。そして、商人の利益は武士の俸禄と同じです。武士の俸禄が職人の作料や農民の作得と同じであるのなら、商人の利益も同様です。それは、天下で認められた禄なのです。どの職業も、その職分に勉め、天下に役立つことで、利を得ているのです。梅岩はこのように論じて、商業の本分が利益を上げることであり、その利益が社会的な役割に対する正当な報酬であると主張しています。

　そして、梅岩は、「正直」と「倹約」を商人の徳として挙げています。正直は、士農工商を問わず、すべての道の根本となるものですが、商人の道においては、正しい仕方で利益を得ることです。また、倹約は、身を修め、家をととのえるために必要なものですが、たんに物を節することではなく、法に従って、物を活かし、さらに人を活かすことです。

　さらに、梅岩は、商売の正しい仕方についても述べています。商人は、客を主人と考え、客に口出しするのをやめ、客の自由に任せるべきです。また、同業者と争うのではなく、助け合い、ともに心を一つにして、商売を楽しむようにすべきです。このように、「先も立ち、我も立つ」ことをめざすのが、まことの商人であると、梅岩は述べています。

　また、梅岩は「知足安分」を唱えています。それは、足るを知り、分に安んずる、すなわち、人間には、それぞれの職業があり、人は自分の職業を受け入れ、その職分をまっとうすべきである、という考え方です。この考え方は、あらゆる職業の正当性を主張するもの

であり、封建的な身分制度を容認するものでもあります。

　梅岩の思想は、弟子たちによって広められ、商人をはじめとする町人に受け入れられました。それは「石門心学」と呼ばれ、江戸時代の庶民の精神を支えることになりました。

二宮尊徳

　二宮尊徳は、「農は万業の大本である」として、さまざまな職業のうちでも、農業を最も重視しています。そして、「報徳」という考え方にもとづいて、農業のあり方について論じています。

　報徳とは、人が生きているのは、天地・君・親・祖先の徳（恩）のおかげであり、その徳に報いるために、みずからも徳をもって生きるべきである、という考え方です。

　そして、尊徳によると、農業は、「天道」と「人道」が結びつくことで成立します。天道とは自然の法則のことであり、人道とは人間の勤労や技術のことです。人間は、天道の徳に報いるために、人道をまっとうしなければなりません。そして、その人道とは、具体的には、「分度」と「推譲」からなっています。分度とは、みずからの経済力に応じて合理的に生活を設計することであり、推譲とは、倹約によって生じた剰余を他人に譲り、社会全体の生産力を拡大することです。このような尊徳の考え方は、「天道人道論」と名づけられています。

　尊徳は、みずからの報徳思想や天道人道論によりながら、農村の復興や農地の開拓にあたりました。そのこともあって、尊徳の思想は広く知られるようになりました。さらに、明治以降、尊徳は「勤勉」「立身出世」「報徳」「滅私奉公」のモデルとされました。そこから、近代日本の労働観が形成されたとも言われています。

3
経済倫理学の歴史

　経済倫理学は最近になって始まったものですが、経済と倫理に関する考察は古くから行われてきました。とくに、西洋では、多くの思想家が経済と倫理をめぐるさまざまな問題について論じてきました。ここでは、そうした議論の歴史を大まかに辿ることにします。

── 古代・中世

商業批判── アリストテレス

　まず、古代や中世では、商業の地位をめぐって、活発な議論が交わされました。たとえば、古代ギリシアのアリストテレスは、商業を自然に反するものとして批判しています。

　アリストテレスによると、人びとは、必要な物をお互いに交換することで、共に生活しています。交易なくしては、共同生活はありえません。そして、交換をうまく行うために発明されたのが「貨幣」です。貨幣は、交換のための手段であり、物の価値を測る尺度でもあります。人びとは、貨幣で示される価格のもとで、貨幣を介して、交換を行います。

　ところが、貨幣が発明されると、交換のための手段であったはずの貨幣を、目的として追求する者も出てきます。それが商人です。商人は、貨幣が富や財産であると考え、貨幣という富や財産を交換によって増やすことをめざします。そして、どのような交換によっ

て最大の利益が得られるのか、その方法を探ります。そうした方法を、アリストテレスは「商人術」と呼んでいます。

アリストテレスによると、商人術は「取財術」の一つです。取財術とは、文字どおり、財産を取得する術のことですが、取財術には二つの種類があります。一つは、牧畜や農業によって財産を得る術であり、もう一つは、交換によって財産を得る術、すなわち、商人術です。前者は自然に適ったものであり、それゆえ、賞賛されるべきものですが、後者は自然に反したものであり、それゆえ、非難されるべきものです。なぜなら、財産は、本来、自然から得るものであって、交換するだけで得られるものではないからです。

このように、アリストテレスは、商業が交換によって財産を得ようとするものであり、それゆえに、自然に反するものであると主張しています。

正当な商業――トマス・アクィナス

それに対して、中世ヨーロッパのトマス・アクィナスは、商業を社会にとって必要なものとして評価しています。

人びとは、社会のなかで、貨幣を介して商品を売ったり買ったりすることで、すなわち、「商取引」を行うことで、生活しています。商取引なくしては、社会は成り立ちません。それゆえ、トマスの考えでは、商取引を専門とする商業も、社会にとって必要なものです。また、商業の役割は、商取引だけではありません。それに先立って、商品を改良したり、移動したり、維持したりすることや、それに伴うリスクを引き受けたりすることも、商業の役割です。そうした点でも、商業は社会にとって必要なものです。

さらに、トマスの考えでは、商取引によって得られる「利潤」も、

けっして不正なものではありません。それは、商取引などに携わる商人の労働に対する報酬なのです。

このように、トマスは商業を積極的に認めています。ただし、商業を無条件に認めているわけではありません。では、商業が認められる条件とは、どのようなものでしょうか。

トマスの考えでは、その条件とはまず、利潤が適度であることです。言い換えると、商品の価格が公正であることです。価格が高すぎると、売り手が得をし、買い手が損をします。反対に、価格が低すぎると、買い手が得をし、売り手が損をします。価格が公正であるとは、売り手と買い手のあいだで損得が生じない、つまり、両者の負担が均等である、ということを意味します。

さらに、利潤そのものを目的として求めるのではなく、ほかの目的のために求めることも、商業が認められる条件です。トマスは次のように述べています。商取引の目的である利潤は、それ自体としては、必要なものでも高貴なものでもない。とはいえ、道徳に反するものでもない。そこで、必要な目的や高貴な目的のために利潤を求めることはできる。そして、その場合に、商取引は正当なものになるのである。トマスの考えでは、必要な目的や高貴な目的とは、たとえば、家族を養うことや貧しい人びとを救うことです。

このように、トマスは、価格が公正であること、必要な目的や高貴な目的のために利潤を求めることを条件として、商業を正当なものとして認めています。

中世の末期になると、第2章で見たとおり、プロテスタンティズムの影響によって、一般の人びとのあいだでも、商業は正当なものと認められるようになりました。そして、近代では、商業は経済の中心的な地位を占めるようになりました。

── 近代

労働と所有──ロック

　近代のヨーロッパでは、経済の発展に伴い、個人の経済活動が肯定されるようになりました。とはいえ、個人が自分の利益を求めることは、古来より、「利己心」の表れとして非難されてきました。そこで、近代でも、利己心をめぐって論争が起こり、そのなかで、利己心を正当化する議論も現れました。

　利己心を正当化する議論の先駆けとされるのは、イギリスのロックの議論です。ロックは、個人の「労働」と「所有」を基礎とする社会を唱えています。

　ロックはまず、社会のない自然の状態というものを考えます。自然の状態は、自然の法が支配する、自由で平等な状態です。そこでは、人びとは、自然の法の範囲で、自分の考えに従って行動し、自分の生命や財産を自由に扱います。これが自然の権利であり、それはすべての人に等しく与えられています。

　ロックによると、自然の権利とは、具体的には、生命・自由・財産に対する「所有権」のことです。そして、所有権は個人の労働にもとづいています。

　そのことを、ロックは次のように論じています。自然の事物が万人に共有のものであるとしても、各人は自分の身体に対して所有権をもっている。それゆえ、その身体による労働も、各人に固有のものである。そこで、各人が自然から取り出すものは何であれ、各人は、それに自分の労働を混ぜ合わせたのであり、そうすることで、それを自分の所有物とするのである。つまり、ある人の身体はその

人のものであるから、身体の労働も、労働の成果も、その人のものである、というのがロックの議論です。

さらに、ロックによると、自然の状態では、所有権が侵害される恐れがあります。また、所有権をめぐって争いが生じても、それを収めることができません。そこで、人びとは、所有権を保護するために、社会を設立することに同意します。そして、同意がなされるとすぐに、社会が設立されます。

ロックはこの社会を「市民社会」と呼んでいます。それは、所有権の保護を目的とする社会です。そこでは、個人が自分の労働にもとづいて財産を得ることが、つまり、自分の努力で自分の利益を求めることが、正当なものとして、社会によって認められています。その意味で、ロックの議論は、利己心を正当化する議論の先駆けと言えます。

私悪すなわち公益——マンデヴィル

次に、利己心をめぐる論争のなかで、利己心を正当化する議論を展開したのは、イギリスのマンデヴィルです。マンデヴィルは、利己心が社会に利益をもたらすと主張しています。

マンデヴィルは、自らの主張を「私悪すなわち公益」というパラドックスの形で示しています。それは、個人の悪徳が社会の利益を生み出す、というものです。マンデヴィルによると、貪欲、放蕩、奢侈、高慢、嫉妬、気まぐれといった悪徳は、需要を促し、雇用を生み出し、競争を推し進め、商業を盛んにします。こうした悪徳のおかげで、社会は栄え、人びとの生活は豊かになるのです。そして、こうした悪徳はすべて利己心に由来します。それゆえ、利己心は社会に利益をもたらしているのです。

ただし、マンデヴィルの考えでは、個人の悪徳が自然に社会の利益を生み出すのではありません。そのためには、政治の知恵が必要です。個人の悪徳は、政治によって巧みに管理されることで、社会の利益に変えられるのです。そして、政治による巧みな管理とは、人間の自尊心に取り入り、名誉や恥を与えることで、人間を従順で有用にすることです。マンデヴィルは、このような政治の力を強調しています。
　とはいえ、利己心は社会に利益をもたらす、というのがマンデヴィルの基本的な主張であることは、変わりありません。マンデヴィルの議論は、経済的な観点から利己心を正当化するものです。

私益と公益の一致――アダム・スミス
　さらに、イギリスのアダム・スミスは、マンデヴィルと同じく、利己心が社会に利益をもたらすと主張しています。ですが、スミスの議論はマンデヴィルとは異なっています。
　スミスは次のように論じています。市場において、個人は、自分の資本をある産業に投資するさい、社会の利益を推進しようと思ってもいないし、どれだけ推進しているかも知らない。その産業を支持したり指導したりするのも、自分の安全や利益のためにすぎない。しかし、この場合にも、個人は、「見えざる手」に導かれて、社会の利益を推進することになる。しかも、自分の利益を求めることで、しばしば、社会の利益を目的とする場合よりも、社会の利益を推進するのである。
　スミスの議論も、利己心が社会に利益をもたらす、というものですが、マンデヴィルと異なるのは、そのことが「見えざる手」に導かれている、という点です。マンデヴィルの議論では、利己心が社

会に利益をもたらすには、政治による巧みな管理が必要でした。それに対して、スミスの議論では、利己心は、意図しない結果として、社会に利益をもたらします。言い換えると、個人の利益と社会の利益、すなわち、私益と公益は、自然に一致するのです。スミスの議論は、マンデヴィルとは異なる仕方で、経済的な観点から利己心を正当化するものです。

　さらに、スミスは、マンデヴィルと異なり、利己心がつねに悪徳であるとは考えていません。あらゆる人は自分の利益を求めます。それゆえ、自分の利益を求めることは、他人から共感されるようなものであれば、むしろ正当なことです。そして、多くの人は、じっさい、他人から共感されるように、自分の利己心をみずから抑えようとするのです。このようなスミスの考えは、道徳的な観点から利己心を正当化するものです。

　また、スミスは、「徳への道」と「財産への道」は一致する、とも述べています。多くの職業にあっては、仕事上の能力が、賢慮、正義、節制といった徳と結びつけば、成功しそこなうことは、めったにありません。また、成功するかどうかは、他人の評判にもかかっていますが、よい評判を得るためには、正直でなければなりません。それゆえ、多くの人にとって、有徳であることと有益であることは一致しています。スミスはこのように述べて、道徳と経済が一致すると主張しています。

市場と国家——ヘーゲル

　スミスは、市場において私益と公益が一致すると主張しました。しかし、市場は社会を豊かにする一方で、経済的な不平等という問題を引き起こしました。それをふまえて、ドイツのヘーゲルは、国

家によって市場を統制することを唱えています。

　ヘーゲルは、市場を「市民社会」と呼び、市民社会を「人倫」の一つと捉えています。人倫とは、簡単に言うと、共同体やその秩序のことですが、人倫には、家族、市民社会、国家の三つがあります。家族は自然の愛情で結ばれた共同体であり、人びとは家族の一員として生きています。市民社会は個人の欲求にもとづく共同体であり、人びとは自立した市民として生きています。そして、国家は家族と市民社会を結合した共同体であり、人びとは国家の一員として、かつ、自立した国民として生きています。

　とくに、市民社会と国家について、ヘーゲルは次のように論じています。国家が市民社会と取り違えられ、国家の使命が所有や自由の保護とされるなら、私益というものが、個人が結合する目的になるだろう。しかし、国家と個人の関係は、それとは違う。個人が真に個人であるのは、国家の一員であるときだけである。結合することが、まさに、個人の目的なのである。ヘーゲルはこのように論じて、市民社会と国家を明確に区別しています。

　そして、ヘーゲルによると、市民社会は「欲望の体系」です。市民社会では、あらゆる人が自分の欲望にもとづいて行動し、自分の利益を求めて競争します。そして、その競争は、経済的な不平等という問題を引き起こします。それは、市民社会から生まれたものであり、市民社会によっては解決できません。それを解決できるのは国家だけです。国家は、完成された共同体、最高の共同体です。それは、市民社会の上位にあって、市民社会を統制します。そして、そうすることで、市民社会の問題を克服するのです。

　このように、ヘーゲルは、市民社会と国家を区別したうえで、市民社会の問題を克服するために、国家によって市民社会を統制する

ことを唱えています。

最大多数の最大幸福——ベンサム

　近代のヨーロッパでは、経済が急速に発展する一方で、不平等が広がり、貧困や失業、過酷な労働といった「社会問題」が深刻な問題になりました。それをうけて、「社会改良」を唱える思想が数多く現れました。その一つは、イギリスのベンサムを祖とする「功利主義」です。

　ベンサムによると、功利主義とは、「功利原理」を道徳や立法の原理とする立場です。功利原理とは、人びとの幸福を増やす行為を認め、反対に、人びとの幸福を減らす行為を認めない、という原理です。功利原理によると、人びとの幸福を増やす行為が正しい行為であり、反対に、人びとの幸福を減らす行為が正しくない行為です。そして、正しい行為のうちでも、より多くの幸福を生み出す行為が、より望ましい行為です。そこで、最も多くの人びとに最も多くの幸福をもたらす行為、すなわち、「最大多数の最大幸福」を生み出す行為が、最も正しい行為です。ベンサムは、最大多数の最大幸福こそ、正／不正の尺度である、と述べています。

　また、ベンサムは功利原理を「最大幸福の原理」と言い換えています。最大幸福の原理とは、最大多数の最大幸福を、唯一の正しい目的、普遍的に望ましい目的とする、という原理です。つまり、最大多数の最大幸福は、正／不正の尺度であるだけでなく、めざすべき目的でもあります。

　さらに、ベンサムは、最大多数の最大幸福を社会の幸福と見なしています。ベンサムの考えでは、社会は個人の総和であり、社会の幸福は個人の幸福の総和です。そこで、功利主義は、社会の幸福を

目的としてめざす立場と言い換えられます。ですが、社会の幸福のために個人の幸福を犠牲にする思想ではありません。そのことは、社会の幸福を個人の幸福の総和とすることからも明らかです。

　ベンサムは、もちろん、個人が自分の幸福を求めることを認めています。ベンサムによると、自然は人間を苦痛と快楽の支配のもとに置いてきました。苦痛と快楽は、人間の行為・言動・思考のすべてにおいて、人間を支配しています。ここで言う苦痛とは不幸のことであり、快楽とは幸福のことです。ベンサムは、あらゆる人が幸福を求め、不幸を避けることを事実として認めています。そのうえで、ベンサムは社会の幸福をめざすことを唱えているのです。

　スミスは、私益と公益が「見えざる手」によって一致すると主張しました。それと比較すると、ベンサムの主張は、スミスと同じく利己心を認めながらも、功利原理という「見える手」によって私益と公益を一致させようとするものと言えます。

人間の改善 ── ミル

　ですが、功利原理によって私益と公益を一致させようとしても、個人が利己的であるかぎり、うまくいきそうにありません。では、どうすればよいのでしょうか。この課題について考えたのは、ベンサムの弟子であった、イギリスのジョン・ステュアート・ミルです。ミルは、「人間の改善」を通じて私益と公益を一致させることを唱えています。

　人間の改善と言っても、さまざまなものが考えられますが、ミルがとくに重視しているのは、人間を道徳的に進歩させることであり、具体的には、人間を社会的にすることです。

　では、人間を社会的にするには、どうすればよいのでしょうか。

ミルは次のように論じています。多くの人が社会の利益に関心がないのは、自分の利益のことばかり考えていて、社会の利益のことを考えるのに慣れていないからである。それゆえ、公的な事柄に関わらせることによって、人びとを社会的にすることができる。人びとは、公的な仕事をするなかで、自分の利益ではない利益について考え、自分のルールではないルールに従い、社会の利益にもとづいて動くようになるのである。

　また、ミルは次のようにも論じています。人間にとって、社会は自然なもの、必要なものである。人びとは、自分が社会の一員であり、他人が自分と対等であると考え、他人の利益を無視してはならないと思うようになる。また、しばしば、他人と協力し、共同の利益を目的として行為するが、協力しているかぎり、目的は一致するから、人びとは、他人の利益が自分の利益であると考えるようになる。そして、他人の利益に関心をもち、他人に配慮するようになる。こうして、人びとは社会的になっていくのである。

　ミルは、以上のように論じて、公的な事柄に関わらせることで、人間を社会的にすることができる、あるいは、他人と協力することで、人間は社会的になる、と主張しています。そのうえで、個人の利益と社会の利益が一致するように、法律や社会制度を組み立てること、教育と世論によって、人びとに、個人の利益と社会の利益が密接な関係にあると思わせること、を提案しています。

　ミルの議論は、人間の改善、すなわち、人間の道徳的な進歩を、私益と公益の一致の条件や可能性とするものです。具体的には、人間を社会的にすることで、私益と公益の一致を実現しようとするものです。

資本主義批判——マルクス

　近代のヨーロッパでは、不平等はさらに広がり、社会問題はいっそう深刻になりました。そうした状況で、ドイツのマルクスは、不平等が生まれるしくみを明らかにし、それにもとづいて、資本主義を批判しています。

　資本主義とは、第1章で見たとおり、私有財産制、商品経済、市場経済、自由競争、利潤追求の自由などを原理とする経済体制のことです。資本主義では、「資本家」が工場・機械・原材料などの生産手段を所有しています。資本家は、「労働者」から労働力を商品として買い、生産手段と労働力によって生産を行います。そして、市場における自由な競争のもとで、生産物を商品として売り、利潤を得ます。

　では、「利潤」とはどのようなものでしょうか。マルクスによると、労働者は、自分の生活に必要な分を超える労働を行います。労働者の生活に必要な分は、賃金として労働者に支払われますが、それを超えた分はすべて、資本家のものになります。利潤とは、簡単に言うと、この超えた部分のことです。マルクスはそれを「剰余労働」や「剰余価値」と呼んでいます。

　マルクスの考えでは、この剰余労働や剰余価値は、本来、労働者のものですが、資本家はそれを労働者から「搾取」しています。そのために、資本家と労働者のあいだで不平等が生まれるのです。それゆえ、資本主義は、そのしくみからして、不平等を避けることができません。マルクスはこのように考え、資本主義を、不平等を原理的に生み出すものとして批判しています。

　マルクス自身は、資本主義に代わるものとして、「社会主義」や「共産主義」を唱えています。社会主義や共産主義とは、一般に、

人びとが生産手段を共有し、協同して生産を行い、生産物を公平に分配する、という経済体制です。

そして、マルクスは、ヨーロッパの経済体制が資本主義から社会主義や共産主義に移行すると予言しました。しかし、その予言は外れました。ヨーロッパでは、多くの国が資本主義国家から「福祉国家」へと姿を変えたのです。

── 現代

福祉の向上──マーシャル、ピグー

福祉国家とは、一般に、経済政策や社会保障政策によって国民の福祉を実現することを目的とする国家のことです。それは、資本主義の経済体制をとりつつも、政府が市場や国民生活に積極的に関与することで、社会問題の解決をめざすものです。

福祉国家という考えは、功利主義や社会主義など、さまざまな思想に由来しますが、その一つとして挙げられるのは、イギリスのマーシャルとピグーの経済学です。マーシャルとピグーはともに、人びとの福祉の向上が経済の発展と密接な関係にあると考え、福祉の向上をみずからの課題にしています。

まず、マーシャルは、労働者の生活の向上を経済の発展の前提と捉えています。そこで、労働者に対して、「生活基準」を向上させることを、すなわち、生活態度を改め、知性・活力・自尊心を高めることを求めています。また、企業家に対しても、「騎士道」精神をもつことを、すなわち、富を労働者の生活や社会の福祉の向上に役立てることを求めています。ただし、前者については、労働者が

貧困に陥っているために、実現は困難です。そこで、マーシャルは、政府に対しても、都市政策など、貧困を取り除くのに必要な政策をとることを求めています。

次に、マーシャルの弟子であったピグーは、人びとの経済的な福祉（厚生）について考察する「厚生経済学」を提唱しています。そして、その向上を目的として、政府がとるべき経済政策について論じています。ピグーの考えでは、経済的な福祉は、第一に、富を増大させることによって、第二に、所得や財産を公平に分配することによって、第三に、景気を安定させることによって、向上させることができます。この考えにもとづいて、ピグーは、特定の産業に対する補助金や課税、累進的な所得税や相続税、公共事業による労働需要の調整など、さまざまな経済政策を唱えています。

福祉の向上をどのように捉えるのか、経済政策をどこまで認めるのか、それらについて、マーシャルとピグーの考えは異なっています。ですが、人びとの福祉の向上こそ、経済にとって大きな課題である、とする点では、二人の考えは共通しています。

福祉国家とその批判——ケインズ、ベヴァリッジ、ハイエク

福祉国家という考えを確立したのは、イギリスのケインズとベヴァリッジです。

まず、ケインズは、政府が財政・金融政策によって「完全雇用」を実現することを唱えています。ケインズの考えでは、市場では失業者がつねに生まれますが、市場の力では失業者をなくすことができません。そうすることができるのは、政府だけです。政府は、財政・金融政策によって「有効需要」を生み出すことで、完全雇用を実現することができるのです。ケインズの考えは、政府が市場に介

入することに反対する「自由放任」思想を否定するものです。

　次に、ベヴァリッジは、「社会保障」によって貧困を克服することを唱えています。社会保障とは、国家が国民の最低生活を保障することであり、具体的には、国民が保険料を支払い、必要な場合に給付を受ける「社会保険」や、国家が生活困窮者に対して公費で経済援助を行う「公的扶助」があります。ベヴァリッジの考えでは、そのような社会保障制度によってのみ、貧困を克服することができるのです。

　そして、ケインズとベヴァリッジの考えが合体することで、福祉国家という考えが確立され、さらに、福祉国家が誕生しました。そこで、福祉国家は「ケインズ—ベヴァリッジ体制」とも呼ばれています。

　この福祉国家を強く批判したのは、オーストリア生まれのハイエクです。ハイエクによると、福祉国家という考えのうちには、「自由な社会」と両立しないものや、自由な社会にとって脅威になるものがあります。たとえば、政府が経済政策を介して市場を管理することは、明らかに、個人の経済的な自由を侵害するものです。また、政府が、所得や財産の公平な分配という「社会的正義」にもとづいて、経済政策や社会保障政策を行うことは、一部の人びとの権利を侵害するものです。

　ハイエク自身は、自由な競争にもとづく市場こそ、自由な社会であると考えています。ただし、ハイエクの考えでは、市場は、自由放任の世界ではなく、特有のルールや慣習をもった「自生的秩序」です。そして、このような市場が存立する条件を整えることが、政府の務めなのです。

福祉国家の再考──ロールズ、セン

　福祉国家は、現代になって誕生しましたが、早くも危機に陥りました。それをうけて、福祉国家に対する再考が始まりました。

　その時期に、アメリカのロールズは、独自の正義論を提唱しています。なかでも独創的なのは「格差原理」です。格差原理とは、社会的・経済的な不平等は、社会で最も恵まれない人びとに、最も大きな利益をもたらすようなものでなければならない、という原理です。それは、社会に対して、最も恵まれない人びとに最も配慮することを求めるものです。そこで、ロールズの考えは、福祉国家を新たな仕方で基礎づけるものと捉えられています。

　また、インド生まれのセンは、人間の「潜在能力」という観点から、福祉や福祉国家のあり方について再考しています。センによると、人びとの福祉を実現するには、人びとに財を公平に分配するだけでは不十分です。人びとがその財を用いてさまざまなことができるようにすること、つまり、人びとの潜在能力を広げることが必要です。そして、福祉国家の政策についても、人びとの潜在能力を広げることが、その目標になります。センの考えは、福祉や福祉国家の新たなあり方を提示するものです。

　ロールズやセンの考えは大きな反響を呼びました。ただ、福祉国家は今も危機的な状況にあり、福祉国家に対する再考は現在も続いています。

　ここまで、経済と倫理をめぐる思想家たちの議論の歴史を辿ってきました。大きな流れとしては、商業、利己心、不平等、福祉といった問題をめぐって、議論が交わされてきました。次章からは、必要に応じて、思想家たちの議論をより詳しく紹介していきます。

4
経済倫理学の原理

　経済における倫理的な問題について考えるさいには、「幸福」「権利」「義務」「正義」「自由」「平等」「徳」など、さまざまな原理にもとづいて考えます。そして、そうした原理に関しても、さまざまな立場があります。ここでは、経済倫理学の原理や立場について見ることにします。

• ── 幸福

幸福とは

　まず、「幸福」から見ていきます。幸福については、主な考え方として、「快楽主義」「欲求充足説」「客観説」の三つがあります。

　まず、快楽主義は次のように主張しています。幸福は、人によって異なるし、同じ人でも状況によって異なる。あることが幸福であるかどうかは、つまるところ、それが快いとか楽しいと感じられるかどうかによる。それゆえ、幸福は、快いとか楽しいと感じること、つまり、快楽を得ることにある。

　それに対して、欲求充足説は次のように主張しています。快楽は幸福に伴うものであって、幸福そのものではない。人は、何かを欲し、それを得たときに、快楽を感じる。大切なのは、快楽を感じることよりも、何かを欲し、それを得ることである。それゆえ、幸福は、欲するものを得ること、つまり、欲求を満たすことにある。

さらに、客観説は次のように主張しています。快楽を得ることにしても、欲求を満たすことにしても、それらは主観的なものである。だが、幸福は、主観的なものではなく、客観的なものである。それは、健康であるとか、暮らしに困らないといった、誰にとっても望ましいものである。

　現代の倫理学では、快楽主義、欲求充足説、客観主義は、いずれも有力な考え方であり、今も議論が続いています。

功利主義

　さて、倫理学には、幸福を道徳の原理とする「幸福主義」という立場があります。幸福を道徳の原理とするとは、幸福を「善／悪」「正／不正」の基準とすることです。幸福主義は、「善」を幸福、「悪」を不幸とします。そのうえで、幸福を生み出すものを「善い」もの、不幸を生み出すものを「悪い」ものとし、幸福を生み出す行為を「正しい」行為、不幸を生み出す行為を「正しくない」行為とします。

　とくに、行為の正しさについて、幸福主義は、ある行為が正しいかどうかは、その行為の目的や帰結が善いかどうかによる、と考えます。このような考え方を「目的論」や「帰結主義」と言います。それは幸福主義の大きな特徴です。

　そして、幸福主義は、誰の幸福を基準とするかによって、三つの立場に分かれます。三つの立場とは、自分の幸福を基準とする「利己主義」、他人の幸福を基準とする「利他主義」、すべての人の幸福を基準とする「功利主義」です。

　そのうち、とくに重要なのは功利主義です。功利主義は、第３章でも述べたように、ベンサムを祖とするものです。それは、ミルに

よって継承され、その後も展開されて、現代の倫理学では、最も有力な立場とされています。

功利主義とは、一般に、「功利」を行為の正／不正の基準とし、「功利原理」を基本原理とする立場のことです。功利とは、「効用」や「有用性」、すなわち、幸福を生み出すのに役立つ、ということです。そして、功利原理とは、人びとの幸福を増やす行為を正しい行為とし、反対に、それを減らす行為を正しくない行為とする、という原理です。さらに、功利原理が対象とする「人びと」とは、行為に関わるすべての人のことです。それゆえ、功利原理の「功利」とは、正確には、社会的な効用や有用性、すなわち、社会の幸福を生み出すのに役立つ、ということです。

功利主義は、このような功利原理にもとづいて、社会の幸福を求めます。社会の幸福とは、個人の幸福の総和、すなわち、「最大多数の最大幸福」のことです。

● ── 権利

権利とは

次に、「権利」について見ていきます。権利とは、一般に、法律が一定の人に対して認める力や利益のことですが、その前提にあるのは、「人権」という思想です。人権とは、人間が本来、生まれながらにもっている権利のことであり、「自然権」とも言います。人権思想は、近代のヨーロッパで唱えられ、今日に至っています。

人権のうち、とくに重要なものは「基本的人権」と呼ばれています。基本的人権については、永久不可侵であること、義務や責任が

伴うこと、万人が有することが、その一般原則とされています。

基本的人権には、大きく分けて、「自由権」「社会権」「平等権」があります。また、基本的人権を守るための権利として、「参政権」や「請求権」があります。

基本的人権のうち、自由権は、国家によって個人の自由が侵害されない権利です。それは、精神の自由、身体の自由、経済活動の自由に分かれます。とくに、経済活動の自由として、職業選択の自由や財産権の保障があります。平等権は、国家によって個人が等しく扱われる権利です。それは、法の下の平等という考えにもとづいています。そして、社会権は、国家によって個人の生活が保障される権利です。それは、生存に関わるもの、教育に関わるもの、労働に関わるものに分かれます。とくに、労働に関わるものとして、勤労の権利、勤労者の団結権・団体交渉権・団体行動権があります。

このように、さまざまな権利が基本的人権として認められていますが、歴史的には、18世紀に自由権や平等権が認められ、19世紀から20世紀にかけて社会権が認められるようになりました。

権利論

人権思想は近代のヨーロッパで唱えられましたが、現代でも、権利を基本的な原理とする立場があります。それは「権利論」とも呼ばれています。

現代の権利論は、功利主義に対する批判をきっかけとしています。たとえば、アメリカのノージックによると、功利主義には、社会の幸福のために個人の幸福を犠牲にすることを正当化する恐れがあります。なぜなら、一部の個人の幸福が犠牲になることで、社会の幸福が全体として増えるのであれば、功利原理はそのことを認めるか

らです。

　このような事態を避けるために、ノージックは権利の役割を強調しています。ノージックの考えでは、権利は、人が自分の幸福を求めるときに、他人に対して行ってもよいことや行ってはならないことについて、一定の制限を設けます。つまり、権利には、行為に対する制約という役割があるのです。

　また、イギリスのドゥオーキンによると、功利主義には、社会が個人の幸福に介入することを正当化する恐れがあります。なぜなら、社会の多数の人びとが少数の人びとの生き方を好ましくないと考え、それを妨げようと欲しているならば、功利原理はそうした欲求を考慮に入れざるを得ないからです。

　そして、ドゥオーキンは、権利はそうした欲求を排することができる、と主張しています。ドゥオーキンの考えでは、権利は、功利原理を超えた重みをもっており、一部の個人が不当に扱われる場合には、功利原理が指し示すものを退けることができます。つまり、権利は「切り札」なのです。

　このように、現代の権利論は、功利主義がはらむ問題を克服するものとして、権利を唱えています。両者の対立は、「功利」対「権利」と名づけられています。

● 義務

義務とは

　続いて、「義務」について見ていきます。義務とは、狭い意味では、法律によって課せられる行為や拘束のことであり、権利に対応

するものです。また、広い意味では、人間として「しなければならない／してはならない」こと、「すべき／すべきでない」ことであり、倫理や道徳の中身をさすものです。後者の意味で、倫理や道徳は「義務の体系」とも言われています。

ひとくちに義務と言っても、さまざまなものがありますが、たとえば、ドイツのカントは、義務を「完全義務」と「不完全義務」の二つに分けています。

完全義務は、人間として絶対にしなければならない／してはならないことです。たとえば、約束を守らなければならない、嘘を付いてはいけない、といった義務です。こうした義務を守らなければ、処罰されたり、非難されたりします。

他方、不完全義務は、絶対にしなければならない／してはならないというわけではなく、する／しないのが望ましいことです。たとえば、他人に親切にすべきである、怠けるべきでない、といった義務です。こうした義務を守らなくても、処罰されたり非難されたりすることはなく、それを守れば、むしろ賞賛されます。

そこで、一般に、完全義務は「厳格な義務」と、不完全義務は「緩やかな義務」と言い換えられています。また、前者は、その多くが法律になっており、「法律上の義務」や「法の義務」とも呼ばれています。それに対応して、後者は「道徳上の義務」や「徳の義務」とも呼ばれています。

義務論

義務についても、それを道徳の原理とする「義務論」という立場があります。その祖とされるのはカントです。義務論は、功利主義と並んで、現代の倫理学における主要な立場の一つです。

現代の倫理学では、義務論は、目的論との対比で説明されます。先に見たとおり、目的論とは、行為の正しさは、その目的が善いかどうかによって決まる、という立場です。目的論によると、正しい行為とは、善い目的を実現する行為のことです。それに対して、義務論とは、行為の正しさは、それが義務に合致するかどうかによって決まる、という立場です。義務論によると、正しい行為とは、義務に合致する行為のことです。

　また、行為の「目的」は「帰結」とも言い換えられます。その限りで、目的論は帰結主義と同じものです。これも先に見たとおり、帰結主義とは、行為の正しさは、それがもたらす帰結が善いかどうかによって決まる、という立場です。それに対しては、行為の正しさは、帰結の善さとは独立に決まる、あるいは、帰結の善さだけでは決まらない、という立場もあります。このような立場を「非帰結主義」と言います。義務論はこの非帰結主義の一つです。

　さらに、義務論は、幸福主義との対比でも説明されます。幸福主義は次のように主張します。幸福は究極の目的であり、義務は幸福のための手段である。義務は幸福のためにある。人が義務をなすのも、そうすることが幸福に役立つ、あるいは、幸福に必要と思うからである。それに対して、義務論は次のように主張します。義務は幸福のためにあるのではない。人には、幸福に役立つかどうか、幸福に必要かどうかにかかわりなく、しなければならないことがある。それが義務である。それゆえ、義務は幸福とは別である。

　義務論の考えでは、義務はそれ自体で義務なのであって、幸福によって義務とされるのではありません。このような考えを「義務のための義務」と呼んでいます。

•── 正義

正義とは

　ここまで、幸福、権利、義務について見てきましたが、それらと並んで、あるいは、それら以上に重要な原理として、「正義」があります。

　正義については、アリストテレスの説明が有名です。アリストテレスによると、正義には、広い意味と狭い意味があります。広い意味の正義とは、法にかなうことであり、狭い意味の正義とは、公正であることです。一般に、前者は「全体的正義」や「一般的正義」と、後者は「部分的正義」や「特殊的正義」と呼ばれています。

　広い意味の正義における「法」とは、国家の制定する法律のことではなく、人間としてふさわしいあり方、すなわち、「徳」のことです。そこで、法にかなうことは、徳を行うことと同じですが、その行いがとくに他人に関わるときに、正義と呼ばれます。

　他方、狭い意味の正義は二つに分かれます。一つは、人びとの立場や功績に応じて、名誉や財貨などを分けることであり、もう一つは、取引や裁判において、人びとを等しく扱うことです。一般に、前者は「配分的正義」と、後者は「調整的正義」や「矯正的正義」と呼ばれています。さらに、調整的正義には、刑罰上の正義も含まれています。

　アリストテレスはこのように正義を説明しています。それは、正義についての古典的な枠組みとされています。

　また、古代ローマの万民法では、正義とは「各人に各人のものを与えようとする普遍的な意志」のことである、と考えられており、

これが正義の古典的な定式とされています。それは、簡単に言うと、「等しき者を等しく扱う」ということです。

正義論

現代の「正義論」を代表するのはロールズです。ロールズは、功利主義が、功利原理にもとづいて社会の幸福を求めるだけで、その幸福を公正に配分する原理を欠いている、と批判しています。そして、みずからの立場を「公正としての正義」と名づけ、とくに公正な配分について論じています。

まず、ロールズは、原初状態という架空の状況を考えます。この状況で、人びとは正義の原理について討議し、それを全員一致で採択します。この状況には、無知のヴェールという制約があります。それは、社会のなかで自分がどのような位置にあるのか、まったく知らない、というものです。この制約によって、人びとは、自分の利害を超えて、正義の原理について考えることができます。

そして、ロールズは、この原初状態において「正義の二原理」が採択されると主張しています。第一の原理は、「平等な自由の原理」です。それは、すべての人が基本的な自由を等しくもつべきである、というものです。第二の原理は二つに分かれます。一つは、「公正な機会均等の原理」です。それは、社会的・経済的な不平等は、すべての人に開かれた職務や地位に伴うものでなければならない、というものです。もう一つは、第3章で述べた「格差原理」です。それは、社会的・経済的な不平等は、社会で最も恵まれない人びとに、最も大きな利益をもたらすものでなければならない、というものです。

ロールズの正義論に対しては、多くの批判があります。たとえば、

ノージックは、格差原理に従い、恵まれた人から財産の一部を徴収し、それを恵まれない人に分配することは、恵まれた人を恵まれない人の手段にすることであり、恵まれた人が財産を使用する自由を侵害することでもある、と批判しています。また、ドゥオーキンは、ロールズの議論が成り立つためには、すべての人が平等に配慮され、尊重される権利がなければならないが、ロールズはそうした権利を見落としている、と批判しています。

── 自由

自由とは

　ところで、現代の正義論が示しているように、正義は「自由」や「平等」と深く関わっています。そこで、ここからは、自由や平等について見ていきます。

　まず、自由ですが、古代や中世では、自由は一つの「特権」でした。古代ギリシアでは、自由とは、自由人であり、市民であることでした。また、中世の封建社会では、自由とは、上位の者に支配されず、下位の者を支配することでした。ですが、近代になると、人間は生まれながらに自由である、と考えられるようになりました。このような「人間としての自由」という考えは、近代の市民社会の基礎になっています。

　「人間としての自由」について、イギリスのバーリンは、自由の意味を大きく二つに分けています。バーリンによると、自由には、消極的な意味と積極的な意味があります。消極的な意味の自由とは、干渉されないこと、つまり、他人や社会によって強制されないこと

です。他方、積極的な意味の自由とは、自己を支配すること、つまり、自分自身の主人であることです。一般に、前者は「消極的自由」や「〜からの自由」と、後者は「積極的自由」や「〜への自由」と呼ばれています。

具体的には、消極的自由とは、他人や社会に拘束されずに自分のしたいことをすること、国家に干渉されずに経済活動を行うことです。他方、積極的自由とは、自分で自分を律すること、自己を実現すること、政治活動や社会活動に参加することです。

歴史的に見ると、自由は、もともと、消極的自由だけを意味していましたが、のちに、積極的自由も意味するようになりました。思想家で言うと、消極的自由を唱えたのは、ロック、スミス、ベンサム、ミルなどであり、他方、積極的自由を唱えたのは、フランスのルソー、カント、ヘーゲル、マルクスなどです。

自由主義

一般に、自由を基本的な原理とする立場を「自由主義」と言いますが、自由をどう捉えるかによって、自由主義はさらにいくつかの立場に分かれます。

近代では、まず、ロックやスミスが消極的自由を唱えました。彼らの立場を「古典的自由主義」と言います。それに対して、カントやヘーゲルの影響を受けて、積極的自由を唱える思想も現れました。その立場を「新自由主義（ニューリベラリズム）」と言います。

現代の自由主義は、ロールズやドゥオーキンのように、消極的自由と積極的自由をともに重視する立場をとっています。この立場は、古典的自由主義とは異なることから、「リベラリズム」と呼ばれています。それに対して、古典的自由主義は、ノージックなどによっ

て受け継がれています。その立場は、リベラリズムと区別して、「リバタリアニズム」と呼ばれています。リバタリアニズムは、消極的自由だけを認め、積極的自由を認めません。

　リベラリズムは、消極的自由と積極的自由はともに、個人にとって重要であり、国家によって保障されなければならない、と主張しています。それに対して、リバタリアニズムは、積極的自由を認めることは、個人に対する国家の干渉を許し、消極的自由を侵害することになる、と主張しています。このように、とくに積極的自由をめぐって、リベラリズムとリバタリアニズムは真っ向から対立しています。

　自由をめぐる両者の対立は、じつは、権利をめぐる対立でもあります。リベラリズムは、社会権、すなわち、国家によって個人の生活が保障される権利が、積極的自由の実現にとって重要である、と考えています。それに対して、リバタリアニズムは、この社会権こそ、国家の干渉を正当化し、消極的自由を侵害するものであるとして、それに反対しています。リバタリアニズムが積極的自由を認めないのも、社会権に反対しているためです。

── 平等

平等とは

　次に、平等について見ていきます。古代や中世では、平等とは「等しき者を等しく扱う」ことでした。ただ、人種・民族・階級・性別・能力・信仰といった違いが、人間にとって本質的なものと考えられ、それにもとづいて、人びとが差別されてきました。しかし、

近代になると、そうした違いに関わりなく、「すべての者を等しく扱う」ことが平等である、と考えられるようになりました。このような「人間としての平等」という考えも、近代の市民社会の基礎になっています。
　「人間としての平等」には、大きく分けて、二つの意味があります。一つは、機会を等しくする、というものであり、もう一つは、結果を等しくする、というものです。前者は「機会の平等」と、後者は「結果の平等」と呼ばれています。経済でいうと、機会の平等とは、すべての人が等しく競争に参加できる、ということであり、結果の平等とは、競争の結果として生じる不平等を是正する、ということです。
　さらに、近年では、「財の平等」か、それとも「能力の平等」か、という問題も論じられています。この問題を提起したのはセンです。センによると、ロールズの正義論は、人間が社会のなかで生きるのに必要な財を取り上げ、その公正な分配について論じています。ですが、そうした財が与えられたとしても、さまざまな障壁のために、それを活かすことのできない人びともいます。したがって、より重要なのは、そうした障壁を取り除き、人びとがそうした財を活かすことができるようにすることです。
　そこで、センは、財の平等よりも能力の平等を唱えています。センの言う「能力」とは、人間が社会のなかで生きるのに必要な「潜在能力」のことです。それは、たとえば、体を使って移動する、衣食住を営む、社会生活に参加する、といったことです。センの考えでは、平等とは、人びとがそうした潜在能力を等しく発揮することができることです。

平等主義

　平等についても、それを基本的な原理とする「平等主義」という立場があります。平等主義を代表するのは「社会主義」です。社会主義は、人びとが生産手段を共有し、協同して生産を行い、生産物を公平に分配する、という仕方で、平等な社会をめざします。

　近代において、社会主義は、真の平等を実現するためには、形式的な「機会の平等」だけでなく、実質的な「結果の平等」も認めるべきである、と主張しました。それに対して、古典的自由主義は、「機会の平等」だけが真の平等であって、再分配を求める「結果の平等」を認めるべきではない、と主張しました。

　ですが、現代になって、社会主義が後退すると、「結果の平等」は唱えられなくなりました。そして、近年では、「機会の平等」のあり方が議論されています。たとえば、競争の最初の段階で、どこまで平等であるべきか、といった問題が論じられています。

　また、それとともに、「結果の不平等」のあり方も議論されています。それは、結果の不平等を認めたうえで、それをどう是正すべきか、という問題です。ロールズの正義論も、じつは、この問題に対する一つの解答です。ロールズをはじめとするリベラリズムは、自由を基本的な原理としながらも、平等も重視しています。そこで、平等主義と見なされることもあります。

●── 徳

徳とは

　最後に、「徳」について見ておきます。徳とは、一般に、人間の

優れた性格のことです。それは、もともと、「卓越」「完成」「力」を意味する言葉でした。

アリストテレスは、魂が優れていることを徳と考えています。そして、徳を、思考に関するものと性格に関するものに分けたうえで、とくに性格に関する徳について、独自の説明をしています。

アリストテレスによると、たとえば、勇気という徳は、強すぎると、無謀という悪徳になり、反対に、弱すぎると、臆病という悪徳になります。つまり、勇気は無謀と臆病の中間にあります。このように、徳は、「過剰」と「不足」という二つの悪徳の「中間」にあります。この中間を、アリストテレスは「中庸」と呼び、「徳とは中庸である」と主張しています。中庸とは、分かりやすく言うと、「適切であること」です。つまり、状況にふさわしい、ということです。

歴史的に見ると、古来より、さまざまな徳が唱えられてきました。たとえば、古代のギリシアでは、「知恵」「勇気」「節制」「正義」が、中世のキリスト教では、「信仰」「希望」「愛」が基本的な徳とされました。西洋では、これらを合わせて「七元徳」と言います。また、近代では、個人の自立や社会の発展に伴い、「思慮」「勤勉」「自制」といった徳が称えられたり、「寛容」「誠実」「公平」といった徳が重んじられたりしました。さらに、現代では、他者との共生が求められるなかで、「共感」「思いやり」も徳とされています。

徳倫理学

倫理学には、徳を道徳の原理とする「徳倫理学」という立場があります。徳倫理学は、功利主義や義務論と並んで、現代の倫理学における主要な立場の一つです。

4 経済倫理学の原理

功利主義や義務論は「行為」を問題にします。それに対して、徳倫理学が問題にするのは、行為よりも「行為者」であり、より正確には、行為者の「性格」です。平たく言うと、徳倫理学は「どのような行為をするのか」よりも「どのような人になるのか」を問うものです。

　徳倫理学は、行為者の性格を考察の中心にします。そして、徳を道徳判断の基準にします。このような徳倫理学には、大きな特徴が二つあります。一つは、さまざまな道徳的な特性を扱う、という点です。道徳的な特性には、「善い／悪い」「正しい／正しくない」のほかにも、「優しい／冷たい」「誠実な／不誠実な」「賢い／愚か」など、数多くのものがあります。これらは、古来より、「徳」や「悪徳」と呼ばれてきたものです。徳倫理学は、多様な特性を扱うことで、人間の道徳生活をより深く捉えることができます。

　もう一つは、道徳的な問題を個別的に扱う、という点です。道徳そのものは一般的ですが、道徳的な問題はケース・バイ・ケースであって、一般的に答えることができません。したがって、状況にふさわしい仕方で、対応しなければなりません。徳倫理学はまさにそれをめざすものです。

　徳倫理学はこのように、道徳的な特性の多様性や、道徳的な問題の個別性を考慮しています。その点でも、現代の倫理学において重要な立場と言えます。

　以上、経済倫理学の原理として、幸福、権利、義務、正義、自由、平等、徳について見てきました。次章からは、これらの原理をふまえて、労働、企業、市場、経済体制、福祉、環境、消費といった個別のテーマについて見ていきます。

5
労働

　人は、生活の多くの時間を、人生の多くの時期を「労働」して生きています。労働は人間にとって大切な営みです。ここでは、労働の本性や目的、労働観の歴史について見たうえで、労働をめぐる倫理的な問題について考えていきます。

◆——労働とは

労働の本性
　多くの人は、労働することが当たり前であると考えています。ですが、そもそも、労働とは何でしょうか。
　まず、一般的な定義では、「労働」とは、心身を使って働くこと、とくに、賃金や報酬を得るためにそうすることです。「働くこと」は、ふつう、労働と同じ意味で用いられますが、広くは、人間の行為や活動をさします。また、「仕事」も、しばしば、労働と同じ意味で用いられますが、もともとは、人間がする事やしなければならない事をさします。さらに、「職業」は、生計を立てるために行う仕事のことであり、労働に近いものです。
　「労働」「働くこと」「仕事」「職業」という言葉は重なり合っており、これらを厳密に区別することはできません。それでも、労働の大きな特徴は、それが「賃金」や「報酬」を目的としている、という点にあります。

次に、経済学の古典的な定義では、労働とは、人間が自らの行為によって自然との「物質代謝」をなすことです。分かりやすく言うと、人間が、自由な存在、意志をもった存在として、自然に働きかけ、自然の事物に手を加えて、物を作ることです。要するに、労働とは「生産」活動のことです。
　そして、現代の経済学によると、生産とは「経済的な価値」を生み出すことです。経済的な価値には、財だけでなく、サービスも含まれます。そこで、財やサービスを生み出す活動はすべて、労働と見なされます。
　さらに、生産活動に関係する活動も、しばしば、労働と見なされます。たとえば、家事やボランティアは、一般的な定義では、賃金や報酬を目的としていないがゆえに、労働とは区別されています。ですが、それらは、生産活動を支えたり補ったりする活動であり、その限りで、労働に入れられることもあります。

労働の目的

　労働とは、一般的な定義では、心身を使って働くことであり、経済学の古典的な定義では、財やサービスを生産する活動のことです。では、人間は何のために労働するのでしょうか。労働の目的には、どのようなものがあるのでしょうか。
　まず挙げられるのは、「賃金」や「報酬」です。現代では、それは労働の本性の一部になっています。では、労働によって賃金や報酬を得るのは何のためでしょうか。もちろん、自分や家族を養うためです。自分や家族を養うことは、言い換えると、生計を立てること、経済的に「自立」することです。つまり、労働の目的は経済的な自立にあります。人びとは、労働することで、ほかの誰にも経済

的に従属せず、自立することができるのです。

そして、自立は「自由」や「主体性」でもあります。人びとは、労働することで、経済的に自立し、自由で主体的になることができます。また、そのことを心の支えにしています。その意味で、自由や主体性も労働の目的として挙げられます。

さらに、「生きがい」も労働の目的として挙げられます。その生きがいとは、具体的には、財やサービスを生産することによって、「自己実現」を果たすことや、他人や社会から「承認」されることです。そして、多くの人は、労働によって自己実現や承認を得ることで、自分のアイデンティティを確立し、自分に誇りをもち、充実した人生を送ることができる、と考えています。

このように、労働の目的として挙げられるのは、まずは、賃金や報酬、あるいは、経済的な自立であり、次いで、自由や自主性であり、さらに、生きがい、すなわち、自己実現や承認です。

● ── 労働観の歴史

古代・中世

今は労働することが当たり前であると考えられています。ですが、昔からそうであったわけではありません。では、労働はどのように考えられてきたのでしょうか。ここでは、西洋の労働観の歴史を辿ることにします。

まず、古代のギリシアでは、ヘシオドスのように、労働を賛美した者もいましたが、全体としては、労働に対する評価は低いものでした。たとえば、ギリシア神話では、労働は、人間に火を与えたプ

ロメテウスへの報復として、神ゼウスが人間にもたらした災いとされています。また、プラトンによると、労働を、身分の低い生産者が行うものであり、アリストテレスによると、市民ではない奴隷や職人が行うものです。

　古代のギリシア人は、自由な精神的活動を人間的なものとして尊重しました。そして、労働を、人間が生命を維持するために必要な身体的活動と考え、動物的なものとして軽蔑しました。労働に対するこうした蔑視は、当時の階級社会を反映しています。

　しかし、中世のヨーロッパでは、労働に対する評価はしだいに高くなりました。人びとを導いていたのは、もちろん、キリスト教です。キリスト教によると、神は、原罪を犯したアダムを楽園から追放するとともに、その罰として、アダムの子孫である人間に労働を科しました。労働は、原罪に対する償い、神に対する義務となりました。ですが、それゆえに、尊いものとなりました。「働かざる者、食うべからず」というパウロの言葉は、労働が神聖な義務であることを人びとに説いたものです。

　そして、中世初期のアウグスティヌスは、労働を「手の労働」と捉え、農民や職人の仕事を高く評価しました。また、中世後期のトマス・アクィナスは、労働を広く捉え、商人の仕事もそこに含めました。第3章で見たとおり、トマスは、商業を社会にとって必要なものとして評価しました。そして、どのような職業であろうと、人びとは、社会のために、おのれの職分を全うすべきである、と主張しました。

　さらに、中世末期には、キリスト教のなかで、労働そのものを神聖視する考えが生まれました。それが、第2章で見た、プロテスタンティズムです。ルターは、職業は神から与えられた使命であり、

それゆえ、労働は神聖なものである、と唱えました。さらに、カルヴァンは、神から与えられた職業において成功することが、救いのあかしとなる、と説きました。

このように、中世のキリスト教において、労働の地位はしだいに向上していきました。それは、中世のヨーロッパにおける経済の発展、とくに商業の発展に対応したものと言われています。

近代

近代になると、労働はいっそう重んじられ、労働を所有権の根拠とする考えが現れました。そうした考えを「労働所有論」と言いますが、それをいち早く唱えたのはロックです。

第3章でも見たとおり、ロックによると、自然はもともと人間の共有物ですが、個人は、自然の事物に自分の労働を加えることによって、それらを自分の所有物にします。なぜなら、個人は自分の身体に対して所有権をもっており、それゆえ、身体の労働も、労働の成果も、自分のものだからです。

ロックは、この労働所有論にもとづいて、近代の「市民社会」を唱えています。それは労働を基礎とする社会です。

また、近代では、労働を経済的な価値の源泉や尺度とする考えも現れました。経済学では、そうした考えを「労働価値説」と呼んでいます。労働価値説は、ロックなどを先駆者として、スミスなどによって唱えられました。

ロックによると、自然は、それ自体では、何の価値もありません。人間の手が加わることによって、はじめて価値をもつのです。つまり、人間の労働こそ、価値を生み出す源泉なのです。また、スミスによると、商品の価値は、それに投下された労働の量によって、あ

るいは、それで購買・支配できる労働の量によって決まります。つまり、労働は、商品の価値を測る尺度なのです。

この労働価値説は、近代の経済学において、主要な学説になりました。そして、労働所有論とともに、近代の市民社会を支える基本原理とされました。

さらに、近代では、労働が重んじられるにつれて、労働を人間の重要な本質とする考えが広まりました。そうした考えを強く主張したのはヘーゲルです。

ヘーゲルによると、人間は、労働することで、つまり、何かを生産することで、自分の内にあった考えを形にします。形になったものは、自分自身が外に現れたものです。言い換えると、人間は、労働によって、自己を「外化」あるいは「産出」するのです。それゆえ、労働は人間の重要な本質なのです。

労働が自己を実現することであり、人間の重要な本質であるという考えは、近代の人びとに広く受け入れられ、現代に至っています。労働することが当たり前であるという考えも、労働を人間の本質とする考えによるところが大きいと思われます。

●── 労働の尊厳

労働の疎外

ここまで、労働の本性や目的、労働観の歴史について見てきました。ここからは、労働をめぐる倫理的な問題について考えていくことにします。

古典的な問題としてまず挙げられるのは、「労働の疎外」という

問題です。労働の疎外とは、簡単に言うと、労働者に属していたはずの労働が、労働者にとって疎遠なものになり、さらに、労働者を支配するようになる、という状況です。この問題を提起したのはマルクスです。

マルクスによると、資本主義の社会では、労働の生産物は、労働者のものではなく、資本家のものです。そして、労働者が商品を多く作れば、その分だけ、労働者自身は安い商品になります。労働者が富を多く生産すれば、その分だけ、労働者は貧しくなります。労働の生産物は、もはや、労働者にとって疎遠なもの、労働者から独立したものとして、労働者と対立します。こうして、労働者は、自分の労働の生産物から疎外されるのです。

また、労働者は、労働そのものからも疎外されます。資本主義の社会では、労働も資本家のものです。労働者は、労働しているときは、自分を失い、労働していないときに、自分に戻ります。労働者にとって、労働は、自分の本質には属さない外的なものになり、自発的なものではなく、強制的なものになります。そして、労働は、たんに、生活するための手段、あるいは、別のところで自分の欲求を満たすための手段になります。

さらに、労働者は人間であることからも疎外されます。人間は、自由な存在、意志をもった存在として、自然に働きかけ、自然の事物に手を加えて、物を作ります。それが本来の労働であり、人間はそこに自分自身を見出します。それゆえ、労働は人間の本質であり、人間としての生き方です。しかし、労働者は、労働の生産物や労働そのものから疎外されているために、人間として生きることができません。つまり、人間としての自分自身と対立します。

そして、労働者は、自分自身だけでなく、他人とも対立します。

人間は本来、社会のなかで他人と協同して生きます。これも人間の本質です。しかし、労働者は、人間として生きることができないために、他人と協同することもできず、孤立し、他人と対立することになるのです。その意味でも、労働者は、人間であることから疎外されています。

資本主義の社会では、労働者は、労働の生産物から、労働そのものから、そして、人間であることから疎外されています。マルクスはこのように論じています。

マルクスは、近代の資本主義の社会における問題として、労働の疎外という問題を提起しましたが、現代の経済社会においても、労働の疎外という状況は変わっていません。

現代でも、多くの人は、労働力を売ることで生活しています。それゆえ、労働の生産物も、労働そのものも、自分のものではありません。そのため、労働はしばしば、自発的なものではなく、強制的なものになり、また、生きがいを与えるものではなく、生きがいを奪うものになります。自分のものであった労働が、自分にとって疎遠なものになり、さらに、自分を支配するようになります。喜びであるはずの労働が、自分を苦しめることになります。

では、労働の疎外という状況を打開するためには、どうすればよいでしょうか。マルクス自身は、資本主義に代えて、社会主義や共産主義をとることで、労働の疎外という問題を克服できると考えました。しかし、現実の社会主義や共産主義は、資本主義と同じように、過酷な労働を人びとに強いるものでした。それゆえ、労働の疎外は、経済体制に関わる問題というよりもむしろ、労働そのものに関わる問題と考えられます。

ディーセント・ワーク

　現代では、たとえば、国際労働機関（ILO）が「ディーセント・ワーク」を提唱しています。ディーセント・ワークとは、ひとことで言うと、「働きがいのある人間らしい仕事」のことです。それは「尊厳ある労働」とも呼ばれています。

　国際労働機関の報告書によると、ディーセント・ワークとは、具体的には、権利が保障され、十分な収入を生み出し、適切な社会的保護が与えられる、生産的な仕事のことです。つまり、自由や平等などの権利が保障されていること、安定した生活に十分な収入が得られること、社会保障などの保護が与えられていること、そして、人間としての尊厳を保つことができること、これらの条件を満たす生産的な仕事が、ディーセント・ワークとされています。

　そして、国際労働機関は、ディーセント・ワークの実現のために、四つの目標を掲げています。

　第一は、仕事の創出です。すなわち、人びとが必要な技能を身につけ、働いて生計を立てられるように、政府や企業が仕事を作り出すのを支援することです。

　第二は、社会的保護の拡充です。すなわち、人びとが安全で健康に働けるように、同時に、生産性も向上するように、環境を整備すること、および、社会保障を充実させることです。

　第三は、社会対話の推進です。すなわち、職場における問題や争いを平和的に解決できるように、政府・労働者・使用者が話し合うのを促進することです。

　第四は、仕事における権利の保障です。すなわち、不利な立場で働く人びとをなくすために、団結権や団体交渉権など、労働者の権利の保障することです。

国際労働機関は、このような戦略目標にもとづいて、国ごとに支援を行っています。そして、各国の政府は、それぞれの実情に応じた計画を立て、労働者・使用者と連携しながら、ディーセント・ワークの実現に取り組んでいます。

労働の「尊厳」
　労働の疎外という状況を打開するうえで、ディーセント・ワークという取り組みはきわめて重要です。ただ、「ディーセント・ワーク」や「尊厳ある労働」という言葉は、現実には、さまざまな仕方で解釈されています。そのために、個々の状況で、ある労働が「ディーセント・ワーク」や「尊厳ある労働」なのかどうか、労働者と使用者のあいだで、判断が分かれることがよくあります。そこで、判断の基準を見つける必要がありますが、その手がかりになるのは、人間の「尊厳」に関するカントの議論です。

　カントによると、人間は「人格」であって、「物件」ではありません。物件は、何かの手段として、相対的な価値しかもたないものです。それは、ほかのものに置き換えることができるもの、価格によって測ることができるものです。それに対して、人格は、たんなる手段ではなく、目的そのものとして、絶対的な価値をもつものです。それは、ほかのものに置き換えることができないもの、価格によって測ることができないものです。

　要するに、「ひと」は「もの」ではない、というのが、カントが強く主張したいことです。人間は、たんなる手段ではなく、目的そのものである。そして、ここに人間の「尊厳」がある。カントはこのように考えています。

　そこで、カントは、一つの道徳法則を唱えています。それは、人

間を、たんなる手段である「もの」として扱うのではなく、目的そのものである「ひと」として扱え、というものです。

　この法則は、たとえば、他人を「手段」として扱うことを禁じているのではありません。そうではなくて、他人を「たんなる手段」として扱うことを禁じているのです。そのうえで、他人を手段として扱うときでも、同時に「目的」そのものとして扱うことを命じています。つまり、自分という「目的」のために、他人を手段として用いるときでも、他人を、たんなる手段と見なすのではなく、自分と同じように「目的」として考えることを命じています。

　以上が、人間の尊厳に関するカントの議論です。この議論を労働の場面に当てはめるとすれば、次のようになります。使用者は、富や利益という目的のために、労働者を手段として用います。ただし、労働者をたんなる手段と見なすのではなく、自分と同じように、目的をもった存在として考えなければなりません。もし、労働者をたんなる手段として扱うのであれば、それは、労働者を「もの」として扱っていることになります。

　そこで、労働者が「もの」ではなく「ひと」として扱われているかどうか、それが、個々の状況で、労働が「ディーセント・ワーク」や「尊厳ある労働」なのかどうかを判断する基準になります。この基準に従うと、たとえば、過酷な労働や単純な労働だけをさせることや、簡単に解雇することは認められません。

　あらゆる労働は尊厳をもつ、労働は尊いものである、とよく言われます。ですが、労働者が「もの」として扱われているとすれば、その労働は尊いものとは言えません。そして、現実には、人間としての尊厳をもつことができない、あるいは、それを失わせるような労働も少なからず存在しています。それらは、賃金や報酬が得られ

るとしても、労働と呼ぶべきではないのかもしれません。

● ── 労働社会

労働社会とは

　次に、労働をめぐる倫理的な問題として、「労働社会」に関わる問題があります。労働社会とは、労働を基盤とし、万人が労働することを原則とする社会のことです。それは、ロックが唱えた、労働を基礎とする「市民社会」を体現するものです。

　現代の社会は、まさに労働社会です。労働社会では、人びとは、生きるために働かなければならず、生活の多くの時間を、人生の多くの時期を労働に費やしています。労働社会は、言い換えると、万人が労働に縛られる社会です。

　また、労働社会は、万人が労働を通じて服従する社会でもあります。フランスのヴェイユは、工場での体験をもとに、労働は人びとに服従を求め、自分の考えをもつことを許さない、と語っています。労働することは、服従することでもあります。人びとは、労働力を売ることで生活しなければなりません。売り渡した労働力は自分のものではないので、労働しているあいだは、自分を押し殺して服従しなければなりません。

　さらに、労働社会は、万人が労働に囚われる社会でもあります。人びとは、労働に縛られるにもかかわらず、むしろ、縛られるがゆえに、労働を最高の価値と見なします。そして、労働が人間の最も重要な本質であり、人は労働することではじめて人間になる、つまり、労働によってのみ自己を実現する、と考えます。

このように、労働社会は、万人が労働に縛られ、労働を通じて服従し、労働に囚われる社会です。

労働中心主義

　労働社会では、労働は、その基盤であるだけでなく、中心的な価値でもあります。今しがた述べたように、人びとは、労働が人間の最も重要な本質であり、人は労働することではじめて人間になる、つまり、労働によってのみ自己を実現する、と考えます。このような考え方を「労働中心主義」と言います。先に見たように、ヘーゲルは、労働が自己を実現することであり、それゆえに、人間の重要な本質である、と論じましたが、この議論をさらに押し進めたのが労働中心主義です。

　労働中心主義は、労働を最高の価値とし、それに照らしてすべてを評価します。労働中心主義によると、人は働くのが当然であり、働かない人や働けない人は劣った人間です。勤勉は最大の徳であり、怠惰は最大の悪徳です。自由な時間は、労働の余暇、労働のための休暇です。遊びは、労働と違い、何も産み出しません。人間の活動のうちで最も尊いのは労働であり、家事やボランティアは、労働よりも劣った活動であるか、二次的で補助的な労働です。

　労働社会を支えているのは、このような労働中心主義です。それは、一方で、「働き過ぎ」や「仕事中毒」を、他方で、遊び・家事・ボランティアに対する蔑視を生み出しています。

　労働中心主義は、ヘーゲルをはじめとする近代の労働観をもとにしています。そして、近代の労働観に対しては、すでに多くの批判がなされています。とくに有名なのは、ドイツ生まれのアーレントの批判です。

アーレントによると、人間の生活は、「労働」「仕事」「活動」の三つに分けられます。労働とは、自分の生命を維持するために必要な物を生産することです。仕事とは、自分の生命を超えて永続する物を制作することです。そして、活動とは、物ではなく言葉を介して、共同体を形成することです。三つのあいだには、本来、活動・仕事・労働という序列があり、古代では、実際にそう考えられていました。しかし、近代には、この序列が転倒して、労働が支配的になり、たんに生命を維持することが、人間にとって最高の目的になりました。人間は「労働する動物」へと堕ちたのです。

　アーレントはこのように論じて、近代の労働観を批判しています。アーレントの批判は、その是非は別として、現代の労働中心主義についても再考を迫るものです。

労働からの解放、労働の解放

　では、労働中心主義について、どう考えるべきでしょうか。

　何よりも問題になるのは、労働が人間の「最も」重要な本質であり、人は労働することで「はじめて」人間になる、つまり、労働によって「のみ」自己を実現する、という考え方です。たしかに、労働が人間の重要な本質であることは、間違いありません。しかし、それが最も重要な本質であるとは言い切れません。だとすれば、労働することではじめて人間になる、労働によってのみ自己を実現するとも言い切れません。じっさい、自己実現は、政治的・社会的・文化的な活動によっても得られます。自己実現を与えるのは労働だけではありません。

　にもかかわらず、多くの人は、労働だけに自己実現を求めます。そのために、労働を中心にして自分の生活を考え、労働によって生

活を決定しようとします。しかし、労働は生活の一部にすぎません。それゆえ、労働が生活を支配するのは、明らかに行き過ぎです。

そこで、重要なのは、労働に対する過大な評価を改め、労働を相対化することです。具体的には、労働によって生活を決定するのではなく、労働を生活のなかに正しく位置づけることです。労働が生活を支配するのを防ぎ、労働を生活のなかに戻すことです。そして、そうすることで、人間は、労働に縛られ、囚われた状況から脱することができます。言い換えると、労働から解放されるのです。

労働から解放されると言っても、労働しなくてもよい、ということではありません。それは、労働という呪縛から解放されることです。つまり、労働社会や労働中心主義を克服することです。

さらに、労働からの解放、労働社会や労働中心主義の克服が成し遂げられるときには、労働そのものも、抑圧や強制から脱して、自由で主体的な活動になります。それは、労働が本来の姿に戻ること、労働そのものが解放されることです。それゆえ、労働から解放されることは、同時に、労働を解放することにもなるのです。

もっとも、労働からの解放が成し遂げられるとしても、それですべてがうまくいくわけではありません。たとえば、アーレントは、労働から解放された社会では、労働する動物であった人間は、今度は「消費」に突き進むことになる、と論じています。労働からの解放は、場合によっては、別の悪夢を生むことになります。そうした状況を避けるためには、労働や生活のあり方について、あらかじめ考えておく必要があります。

ワーク・ライフ・バランス

そこで、次に問題になるのは、労働を生活のなかにどう位置づけ

るか、ということです。

　この問題に関わるものとして、近年では、「ワーク・ライフ・バランス」という考え方があります。ワーク・ライフ・バランスとは、簡単に言うと、仕事と生活を調和させ、仕事と生活をともに充実させる、というものです。

　ワーク・ライフ・バランスの背景には、雇用・家庭・地域などの環境が大きく変わったために、仕事と生活の両立が困難になっている、という状況があります。そこで、ワーク・ライフ・バランスは、人びとが、働くことで経済的に自立できること、健康で豊かに生活できること、多様な働き方を選択できることを、具体的な目標として掲げています。そして、そうした目標を実現するために、現在、政府や自治体や企業がさまざまな取り組みを行っています。

　ワーク・ライフ・バランスは、労働だけでなく生活も重視する点で、労働社会や労働中心主義を克服する試みと見ることができます。ただし、その名が示すとおり、労働と生活を対置しており、そこに問題があります。労働は、あくまで生活の一部であって、生活のなかに位置づけられるべきものです。

　人間の活動には、労働などの経済的な活動だけでなく、政治的・社会的・文化的な活動もあり、これらのすべてが人間の生活を形作っています。それらは根本的に対立するものではなく、どれも人間の生活にとって必要なものです。そこで、考えなければならないのは、それらの調和であり、それぞれの役割です。そして、それを考えるのは、政府や自治体や企業ではなく個人です。

　労働を生活のなかでどう位置づけるべきか。それは、個人が、自分の価値観にもとづいて、他の活動との関わりにおいて、考えるべき問題です。

6 企業

 多くの人は「企業」で働いています。現代の経済では、企業は、家計や政府と並ぶ、経済主体の一つです。その企業にも、個人や社会との関係で、さまざまな倫理的な問題があります。ここではまず、そうした問題について見ていきます。そのうえで、企業の倫理的なあり方について考えていきます。

•── 企業と個人

内部告発
 まず、「企業と個人」をめぐる問題として、「内部告発」という問題があります。内部告発とは、組織の内部にいる者が、組織の違法行為や不正行為を、組織の外部に対して告発することです。それは、組織の内部から見れば「裏切り」であり、組織の外部から見れば「勇敢」な行動です。そこで、内部告発の是非をめぐって議論が分かれています。
 内部告発に反対する人びとは、内部告発が、組織に対する忠誠の義務や、組織の秘密を守る義務に反するものであり、反倫理的な行為であると主張しています。それに対して、内部告発に賛成する人びとは、組織に対して忠誠の義務はないし、違法行為や不正行為に関して組織の秘密を守る義務もないと論じています。そして、内部告発が、社会の一員としてなすべき義務であり、倫理的な行為であ

ると主張しています。

　このように、内部告発を反倫理的な行為とするか、それとも、倫理的な行為とするか、議論は二つに分かれています。その背景にあるのは、組織の利益と社会の利益の対立です。反対派の人びとは、組織の利益という立場から、内部告発を反倫理的な行為と考えています。それに対して、賛成派の人びとは、社会の利益という立場から、内部告発を倫理的な行為と考えています。

　問題は、組織と社会の関係です。組織は、社会から承認されなければ、存続することができません。しかし、社会も、組織がなければ、みずからを維持することができません。組織と社会はお互いに依存しています。したがって、組織の利益と社会の利益はともに考慮される必要があります。

　そこで、反対派の人びとは、組織の違法行為や不正行為が社会の利益を損なうものである場合には、内部告発を例外的な行為として容認しています。また、賛成派の人びとも、組織の利益に配慮して、内部告発に一定の条件を設けています。その条件とは、正当な目的をもつこと、正確な認識にもとづくこと、適正な手続きを経ること、といったものです。

過労死、過労自殺

　次に、企業と個人をめぐる問題として、「過労死」や「過労自殺」の問題があります。日本では、長期の不況のために、多くの企業でリストラが行われ、大量の失業者が生まれました。その一方で、仕事が過酷になり、過労死や過労自殺が増えました。

　過労死や過労自殺の直接的な原因は、過重労働や長時間労働です。そして、過重労働や長時間労働をもたらしたのは、リストラによる

人員の削減に伴う、一人当たりの仕事の増加です。それゆえ、過労死や過労自殺は、不況から生じた問題です。ただし、不況だけから生じたわけではありません。過労死や過労自殺の背後には、第5章で見た「労働社会」や「労働中心主義」があります。

　労働社会は、労働を基礎とし、万人が労働することを原則とする社会であり、労働中心主義は、労働を人間の最も重要な本質とする考え方です。労働社会では、人びとは、生きるために労働しなければならず、生活や人生の大半を労働に費やしています。そうであるにもかかわらず、むしろ、そうであるがゆえに、労働を最も大切なものと考えるようになります。

　このような労働社会や労働中心主義が、じつは、過労死や過労自殺の間接的な原因になっています。労働社会は、人びとに労働することを強要し、人びとも、労働中心主義の考え方に囚われて、それを受け入れます。こうして、過重労働や長時間労働が当然のように見なされ、「働き過ぎ」や「仕事中毒」が、ひいては、過労死や過労自殺が生じるのです。

　そこで、過労死や過労自殺の問題を解決するためには、労働社会や労働中心主義を克服する必要もあります。その方策については、前章で述べたとおりです。

終身雇用、任意雇用

　続いて、企業と個人をめぐる問題として、「雇用」の問題もあります。

　日本では、長らく「終身雇用」が採られてきました。終身雇用とは、企業が従業員を定年まで雇用し、その代わりに、従業員は企業に全面的に従う、という慣行です。この慣行では、一定の条件を満

たさなければ、企業は従業員を解雇することができません。

　ところが、リストラによる大量失業が社会問題になったことから、現在では、終身雇用に代えて「任意雇用」を取り入れることが考えられています。任意雇用とは、企業が従業員を自由に解雇できる、という慣行です。

　任意雇用はアメリカの伝統的な慣行です。もっとも、アメリカでは、業績不振のために一時的に解雇されても、業績回復によって再雇用されるという形で、あるいは、長く勤めることで雇用が保障されるという形で、実質的には、長期雇用が行われてきました。

　しかし、アメリカでも、近年では、長期雇用の実現が難しくなり、新たな雇用形態が考えられています。それは、企業が従業員に対して、長期雇用を保証しない代わりに、ほかの企業でも「雇用されうる能力」を身につける機会を提供する、というものです。日本で導入が検討されているのは、この考えにもとづく任意雇用です。

　任意雇用をめぐっては、議論が分かれています。任意雇用に反対する人びとは、企業が従業員を自由に解雇できるようになれば、従業員の権利が軽視されることになる、と論じています。それに対して、任意雇用に賛成する人びとは、企業には、従業員の就業能力を高める機会を提供する義務が課せられるから、従業員の権利を軽視することにはならない、と反論しています。

　また、反対派の人びとは、終身雇用では、従業員が企業の一員として扱われるが、任意雇用では、従業員がたんなる労働力と見なされる、と主張しています。それに対して、賛成派の人びとは、終身雇用では、従業員の自由がほとんど認められないが、任意雇用では、従業員の自由が大幅に認められる、と主張しています。

　日本では、近い将来、任意雇用が取り入れられる可能性が十分に

あります。そこで、議論のゆくえが注目されます。

●── 企業と社会

企業の社会的責任

次に、「企業と社会」をめぐる問題として、企業の「不祥事」があります。第1章で触れたとおり、企業の不祥事には、消費者や住民の生命や健康を害する、製品の欠陥を隠して事故を引き起こす、食品の産地や消費期限を偽って利益を上げる、事前に談合して公正な競争を妨げる、会計をごまかして株主に損害を与える、といったものがあります。

アメリカでは、1960年代から70年代にかけて、企業の不祥事が相次ぎました。それをうけて、「企業の社会的責任」が問われるようになりました。企業の社会的責任は、英語では「コーポレート・ソーシャル・レスポンシビリティ」と言い、一般に「CSR」と略されています。

日本でも、1960年代には、企業の社会的責任が論じられていました。そのきっかけとなったのは、企業による「公害」「欠陥商品」「事故・災害」という「三悪」です。企業は、利益を優先して、公害を生み出したり、欠陥商品を売ったり、事故や災害を起こしたりしました。それが社会問題になり、企業は社会的な責任を問われました。その後、企業の社会的責任をめぐる議論は、いったん下火になりましたが、日本でも企業の不祥事が相次いだことで、また、日本のビジネスの国際化が求められたこともあって、ふたたび盛んになり、今日に至っています。

企業の社会的責任には、大きく分けて、経済的な責任、法的な責任、道徳的な責任の三つがあります。

　経済的な責任とは、企業としての本務をなすことです。具体的には、商品を提供すること、株主に利益を還元すること、雇用を確保すること、税金を納めること、健全な経営を行うことです。

　法的な責任とは、企業に課せられた法律を守ることです。具体的には、公正な経済活動を行うこと、製品に対して責任をとること、説明責任を果たすこと、情報を開示することです。

　道徳的な責任とは、企業として倫理的な行動をとることです。具体的には、人権を尊重すること、職場を健全にすること、環境に配慮すること、社会に貢献することです。

　とくに、「社会貢献」活動は、英語では「フィランソロピー」と言います。企業によるフィランソロピーとしては、地域社会・福祉施設・教育機関・研究機関などに対する支援や援助、「メセナ」と呼ばれる、文化・芸術活動に対する支援や援助、地球環境問題への取り組みなどがあります。

　なお、企業の社会的責任は、狭い意味では、道徳的な責任だけをさします。現在は、狭い意味で用いられることが多くなっていますが、この本では、道徳的な責任だけでなく、経済的な責任や法的な責任も含む、広い意味で用いることにします。

道徳的な主体としての企業

　企業の社会的責任をめぐっては、企業にはどこまで社会的責任があるのか、ということが問題になっています。ですが、それに先立って、企業はそもそも社会的責任をとりうる存在なのか、ということが問題になります。一般に、企業は「経済主体」や「法人」と見

なされています。それゆえ、経済的な責任や法的な責任をとりうる存在と考えられています。そこで、問題になるのは、企業は「道徳的な主体」と見なされるかどうか、道徳的な責任をとりうる存在と考えられるかどうかです。

　まず、道徳を人間に関わるものと捉えるならば、組織である企業は道徳的な主体ではありません。企業は、利潤を生み出すシステムであり、身体や感情をもった生身の人間とは異なります。

　ですが、法律と同じように、道徳を、行為を問題にするものと捉えるならば、企業は道徳的な主体になります。法律は、人間の行為だけでなく、法人としての企業の行為にも適用されます。それと同じく、道徳的な原則や規則を、道徳的な主体としての企業の行為にも適用することができます。

　ただし、ここで重要なのは、意思をもっている、ということです。意思をもたない存在に対しては、法律と同じく、道徳的な原則や規則を適用することはできません。したがって、意思をもつことが道徳的な主体であることの条件になります。そもそも、主体とは、意思をもって行為する存在のことです。その場合、身体や感情をもつかどうかは問題になりません。

　そして、ほとんどの企業は意思をもっています。なぜなら、その内部に、合理的な意思決定のプロセスをもっているからです。したがって、そのかぎりで、企業は道徳的な主体といえます。

　企業が道徳的な主体であるという考えは、かつては、奇異なものと見なされていました。ですが、近年では、むしろ一般的になっています。たとえば、企業を社会の一員と捉える「企業市民」という考え方や、社会的責任を果たしている企業に対して積極的に投資する「社会的責任投資（SRI）」という考え方は、道徳的な主体とし

ての企業を前提にしています。

企業の社会貢献

　では、企業が道徳的な主体であるとして、企業にはどこまで道徳的な責任があるのでしょうか。一般に、道徳的な責任のうち、人権を尊重すること、職場を健全にすること、環境に配慮することについては、企業にその責任があると考えられています。ですが、社会貢献については、議論が分かれています。

　たとえば、アメリカのフリードマンは、企業の社会的責任は利益を拡大することにある、と主張しています。そして、フリードマンの主張に賛成する人びとは、次のように論じています。

　企業は、顧客に商品を提供し、株主に利益を還元し、従業員の雇用を確保し、政府や自治体に税金を納めることで、結果として、社会に貢献している。企業には、それを超えて、社会に貢献する責任はない。にもかかわらず、社会に対する支援や援助を企業に負わせることは、企業が本来の経済活動を行うのを制約し、ひいては、顧客・株主・従業員・政府・自治体に対する責任を果たすのを妨げることになる。

　この議論は、企業の社会貢献を狭く捉え、経済活動に伴うものに限定しています。そして、それを超えた支援や援助を、社会的責任として認めていません。

　それに対して、フリードマンの主張に反対する人びとは、次のように論じています。

　企業は、たんに利益を追求する経済的な存在ではなく、地域の住民など、さまざまな人びとと関係をもった社会的な存在でもある。したがって、企業には、経済的な役割だけでなく、社会的な役割も

あり、社会の一員として、支援や援助などを行う責任がある。また、企業は、法律による保護やインフラの利用など、社会からさまざまな便宜を受けている。したがって、そうした便宜に報いるために、社会に貢献する責任がある。

　この議論は、企業が社会的な存在であり、社会から便宜を受けていると考えています。そのうえで、社会貢献を広く捉え、社会に対する支援や援助を企業に求めています。

　このように、企業の社会貢献をめぐっては、それを狭く捉える立場と、広く捉える立場があります。現在は、後者が有力であり、一般には、企業の社会貢献は、企業の経済活動に伴うものよりもむしろ、社会に対する支援や援助をさします。

　では、社会貢献が社会に対する支援や援助をさすとして、企業はそうした支援や援助を必ずしなければならないのでしょうか。社会貢献を広く捉える立場の人びとも、そこまで主張しているわけではありません。社会に対する支援や援助は、「厳格な義務」ではなく、「緩やかな義務」です。第4章で見たとおり、厳格な義務は、絶対にしなければならない義務であり、それを守らなければ、処罰されたり非難されたりします。他方、緩やかな義務は、そうするのが望ましい義務であり、それを守れば、むしろ賞賛されます。

　ただ、緩やかな義務と言っても、それはやはり義務であって、しなくてもよい、というわけではありません。しなくてもよいのであれば、社会に対する支援や援助はもっぱら「慈善」として行われることになりますが、それでは不十分です。そもそも、企業には、社会から便宜を受けている「受託者」として、それに報いる責任があります。それゆえ、社会に対する支援や援助は、緩やかな義務であっても、それを行うことが強く求められているのです。

── 企業の理念

ステークホルダー

　ここまで、企業と個人、企業と社会をめぐる問題について見てきました。ここからは、それらをふまえて、企業のあり方について考えていきます。

　企業のあり方については、さまざまな考え方があります。それらは、企業の「理念」に関するものと、企業の「管理」に関するものに分けられます。そこでまず、企業の理念に関する考え方について見ていきます。

　現代の企業の多くは、「株式会社」という制度をとっています。株式会社では、所有者と経営者は別であり、所有者である株主は、会社の経営には関わらず、それを経営者に委ねます。このことを「所有と経営の分離」と言います。

　所有と経営の分離のもとでは、実質的に力をもっているのは経営者です。株主は、多くの場合、不特定多数の人びとであり、一人一人としては、力がありません。そのため、経営者の暴走を止めたり、経営上の失敗の責任を問うたり、不正を抑えたりすることができません。そして、経営者の不適切な行動によって、しばしば、損害を受けることがあります。

　じっさい、アメリカでは、1970年代に、企業の経営破たんや不祥事が相次ぎ、株主が大きな損害を受けました。そこで、「企業は誰のものか」が問われるようになり、「株主主権」という考え方が唱えられるようになりました。そして、この考え方が広まるにつれて、株主はしだいに力をもつようになりました。

ところが、今度は、一部の株主が、株の売買による利益を得るために、企業の経営に介入し、混乱をもたらすことになりました。そこで、「企業は誰のものか」に代わって、「企業は誰のためにあるのか」が問われるようになりました。そして、企業は、株主のためだけにあるのではなく、企業に関わるすべての人のためにある、と主張されるようになりました。

　この主張は、一般に、「ストックホルダー」から「ステークホルダー」への転換と呼ばれています。ストックホルダーとは「株主」のことであり、ステークホルダーとは、株主、経営者、従業員、顧客、取引業者、自治体など、企業の「利害関係者」のことです。

　ステークホルダーという考え方によると、企業は、たんに利益を追求する組織ではなく、ステークホルダーの利害を調整する場でもあります。そして、企業の目的は、利益を上げることよりもむしろ、ステークホルダーの権利と義務を実現することにあります。このように、ステークホルダーという考え方は、企業の理念を大きく変えるものです。

ソーシャル・ビジネス

　次に、企業の理念に関して、近年、とくに注目されている考え方として、「ソーシャル・ビジネス」があります。ソーシャル・ビジネスは、日本語で「社会的企業」と言います。それは、社会問題の解決を目的として、公共性の高い事業を行う企業のことです。

　ソーシャル・ビジネスの最も有名な例は、バングラディシュのムハマド・ユヌスが設立した「グラミン銀行」です。ユヌスは、母国の貧困問題を解決するために、農村の人びとに無担保の小口融資を行いました。そのおかげで、農村の人びとは、事業を始め、現金収

入を得て、貧困から脱することができました。ユヌスとグラミン銀行はのちにノーベル平和賞を受賞しました。このことがきっかけとなり、ソーシャル・ビジネスは世界中に広まっています。

　ソーシャル・ビジネスは、さまざまな社会問題のうち、政府や自治体がカバーできない部分を担うものです。それは、従来、おもに非営利組織（NPO）が担ってきましたが、非営利組織が政府や自治体の助成を受けているのに対して、ソーシャル・ビジネスは、そうした助成を受けずに、利益が上がるような仕方で事業を行っています。そして、得られた利益の多くを地域などに還元しています。ソーシャル・ビジネスという考え方も、企業の理念を大きく変えるものです。

　ただ、ソーシャル・ビジネスについては、問題もいくつかあります。たとえば、本来は政府や自治体が取り組むべき課題をソーシャル・ビジネスが担うことで、政府や自治体がそれに取り組まなくなる恐れがあります。そして、福祉や教育など、政府や自治体が提供すべきサービスの一部が、市場における売買の対象になる恐れがあります。ですが、これらはいずれも、ソーシャル・ビジネスそのものに存する問題ではありません。問題になっているのは、政府、自治体、ソーシャル・ビジネスが、それぞれどのような役割を担うべきか、ということです。

●── 企業の管理

コーポレート・ガバナンス
　続いて、企業の管理に関する考え方について見ていきます。主な

ものとしては、「コーポレート・ガバナンス」「コンプライアンス」「バリュー・シェアリング」の三つがあります。

コーポレート・ガバナンスは、日本語では「企業統治」と訳されています。それは、企業の経営が適正に行われるように、企業を監督する、という考え方です。

コーポレート・ガバナンスの背景には、企業の経営破たんや不祥事があります。アメリカでは、1970年代以降、企業の経営破たんや不祥事が相次ぎました。それをうけて、株主が経営者に対して適正な経営を求めるようになり、コーポレート・ガバナンスという考え方が広まりました。

そして、このコーポレート・ガバナンスの考え方にもとづいて、株主総会の健全化、社外取締役の導入、取締役・監査役の権限の強化、取締役会長と経営最高責任者（CEO）の分離、各種委員会の設置など、さまざまな改革が行われてきました。

また、コーポレート・ガバナンスは、もともとは、株主の利益を守るために唱えられたものであり、経営者と株主の関係だけを問題にしていました。ですが、近年では、より広く、企業とステークホルダーの関係も問題にするようになっています。

コンプライアンス

コンプライアンスは、日本語では「法令遵守」と訳されています。それは、その名のとおり、企業が法令を守って経済活動を行う、という考え方です。

その「法令」は、狭い意味では、国の法律や自治体の条例をさしますが、広い意味では、法律や条例だけでなく、企業がみずから策定する「行動規範」や「倫理綱領」もさします。それは、企業が自

社の価値観にもとづいて、社員や役員の行動のあり方を定めたものです。そして、その策定に際して、企業の利益だけでなく、ステークホルダーの利益も配慮されています。

　コンプライアンスの背景にあるのは、企業による法令違反の増加です。アメリカでは、1960年代に、法令違反が続出し、問題になりました。そこで、企業は、その対応策として、法令遵守のための計画を作成し、それを実行するようになりました。これがコンプライアンスの始まりです。

　法令遵守のための計画は「コンプライアンス・プログラム」と呼ばれます。それは、具体的には、行動規範や倫理綱領の策定、担当の役員や責任者の選定、専門部署の設置、マニュアルの作成、社員の教育・訓練の実施、内部通報制度の確立などからなっています。企業は、このようなプログラムを実施することで、コンプライアンスの実現をめざします。

バリュー・シェアリング

　バリュー・シェアリングは、日本語では「価値共有」と訳されています。それは、企業のすべての社員が企業の理念や価値観を共有する、という考え方です。

　企業の理念や価値観は、具体的には、創業の精神、経営理念、社是や社訓などに示されています。バリュー・シェアリングは、まず、それらに示されている企業の理念や価値観を、すべての社員が共有し、そのうえで、そうした企業の理念や価値観にもとづいて、行動規範や倫理綱領を策定することを唱えています。そして、そうすることで、すべての社員が一丸となって、行動規範や倫理綱領に従って行動できるようになる、と主張しています。

プログラムの内容については、バリュー・シェアリングは、コンプライアンスとおおよそ同じです。両者の違いは、法令の遵守と理念や価値観のどちらを重視するか、ということにあります。
　また、バリュー・シェアリングは、企業の「インテグリティ」を一つの目的にしています。インテグリティとは、日本語で「誠実さ」「健全さ」「統合性」のことです。バリュー・シェアリングは、すべての社員が理念や価値観を共有することで、企業が誠実で健全で統合的な存在になることをめざすものです。

倫理的な企業

　以上のように、企業の管理に関しては、コーポレート・ガバナンス、コンプライアンス、バリュー・シェアリングという三つの考え方があります。そのうち、コーポレート・ガバナンスは、企業の反倫理的な行為を防ぐことを目的の一つにしており、コンプライアンスは、それを主な目的にしています。さらに、バリュー・シェアリングは、それだけでなく、企業が道徳的な主体になることも目的にしています。
　そして、一般には、これらの考え方にもとづいて企業を管理することで、企業は「倫理的な企業」になることができる、と考えられています。ですが、そもそも、倫理的な企業とはどのような企業でしょうか。
　倫理的とは、まずは、倫理に反する行為をしないことですが、それだけで、倫理的とは言えません。なぜなら、そうしないように、たんに強制されている場合もあるからです。倫理的であるには、そうしないように、みずから意志する必要があります。さらに、それだけでなく、倫理に適った行為や倫理が勧める行為をする必要もあ

ります。それゆえ、倫理的な企業とは、まずは、法令に違反しない企業のことですが、より正確には、みずから法令を遵守し、さらに、社会的責任を果たし、社会貢献をめざす企業のことです。

このことをふまえると、コーポレート・ガバナンスは、企業をその外部から管理しようとするものであり、それゆえ、それを実践するだけで、企業が倫理的になるわけではありません。それに対して、コンプライアンスとバリュー・シェアリングは、まさに、企業をその内部から管理しようとするものであり、それゆえ、それらを実践することで、企業は倫理的になることができます。

現実には、企業の不祥事を防ぐために、コーポレート・ガバナンスは必要不可欠です。その意味で、それは、企業が倫理的であるための必要条件です。それに対して、コンプライアンスとバリュー・シェアリングは、企業が倫理的であるための十分条件です。それゆえ、企業は、これら三つの考えをすべて実践することで、倫理的な企業になることができるのです。

ただし、倫理的な企業という考えに対しては、次のような批判があります。企業の目的は「自己利益」である。倫理的であろうとするのも、結局は、自己利益のためである。それは偽善にほかならない。それゆえ、企業はけっして倫理的になれない。

たしかに、そうした批判が当てはまることもあります。なぜなら、評価を高め、業績を上げるために、自社の管理に取り組む企業も多いからです。しかし、近年では、コーポレート・ガバナンスにしても、コンプライアンスやバリュー・シェアリングにしても、ステークホルダーの利益に配慮することを求めています。それゆえ、企業は、適正に管理されるならば、自己利益だけでなく、同時に、自己を超えた利益もめざすことができるのです。

7
市場

　現代の経済は「市場」を中心としています。では、市場は倫理とどのような関係にあるのでしょうか。市場における倫理とはどのようなものでしょうか。そもそも、市場は倫理的なのでしょうか。そして、市場をどのように統制すべきでしょうか。ここでは、そうした問題について考えていきます。

●── 市場と倫理

市場とは

　まず、市場とは何でしょうか。第 1 章で述べたとおり、市場とは、財やサービスが商品として取引される場のことです。それは、狭い意味では、取引が行われる場所をさしますが、広い意味では、取引関係そのものをさします。市場は、財やサービスの生産・流通・消費といった経済活動を結びつけ、経済循環を成り立たせるものです。市場なくしては、現代の経済は成立しません。

　市場は「自由競争」を原則としています。自由競争とは、商品の取引において、人びとが、政府などの規制を受けることなく、自由に競争できる、というものです。このような自由競争のもとでは、商品の価格は需要と供給の関係で決定され、また、需要と供給は価格の変化によって調整されます。これを「価格の自動調節機能」と言います。そして、この機能により、資源が適切に配分されること

になります。これが市場のメカニズムであり、そのおかげで、人びとは安定した経済活動を行うことができるのです。

　また、経済学では、「完全競争市場」というものが考えられています。それは、商品の売り手と買い手が数多くおり、価格に影響を与える者が一人もおらず、すべての人が市場の価格に従って行動する、という市場です。この市場では、商品の質はすべて同じであり、人びとは、完全な情報を与えられ、市場に参入したり退出したりすることが自由にできます。もっとも、このような完全競争市場は理想であって、現実には存在しません。

　さらに、市場はけっして万能ではありません。ときには、自由競争のなかで、一部の企業に資本が集中し、単一ないし少数の企業が市場を支配する「独占」や「寡占」が起こります。その結果、自由競争がかえって妨げられ、価格の自動調節機能が働かなくなります。その場合には、自由競争を保持するために、政府などが規制や取締りを行います。

市場という社会

　市場は、財やサービスが商品として取引される場ですが、たんなる取引の場ではなく、一つの「社会」です。その社会は、「経済人（ホモ・エコノミクス）」からなっています。経済人とは、自己利益の最大化を目的として合理的に行動する個人です。そして、そうした個人が経済活動を行うことで、市場という社会が自然に形成されるのです。

　市場は経済社会であり、国家のような政治社会とは異なります。人びとは、かつては、国家だけを社会と考えていましたが、やがて、国家とは別に、市場という社会が存在することに気づくようになり

ました。市場が一つの社会として自覚されるようになったのは、18世紀ごろとされています。そして、そのことを明確に示しているのは、イギリスのヒュームの議論です。

ヒュームは、ホッブズやロックの「社会契約説」をフィクションとして退けています。社会契約説とは、社会は個人間の契約にもとづく、という考え方です。ヒュームは、社会は、契約によって設立されるのではなく、自然に形成される、と主張しています。

ヒュームによると、人びとは、まず、社会というものが自分たちにとって有益であることに気づきます。同時に、混乱や対立の原因が財にあることを知ります。そこで、人びとは、一つの「黙約」を取り結びます。それは、各人の財を各人に所有させる、というものです。この黙約によって、社会が成立するのです。

ヒュームの考えでは、黙約は契約ではありません。それは、利害が共通しているとお互いに感じることです。人びとは、この感情を示しあい、それに導かれて、自分の行動を律するようになります。そして、そのなかで、社会のルールが形成されるのです。

ヒュームの議論では、じつは、社会がすでに前提されています。また、自然に形成されるのは、社会というよりもむしろ、社会のルールです。ただ、ヒュームの議論が正しいかどうかは別として、ヒュームが市場をモデルにして社会の成立について論じたことは明らかです。そして、ヒュームの議論は、スミスの「商業社会」論やハイエクの「自生的秩序」論に受け継がれています。

市場は倫理と無関係か

市場社会には、大きな特徴が二つあります。一つは、近代の「人間としての自由」や「人間としての平等」を体現していることです。

市場では、生まれや育ち、性別や年齢、国籍や人種に関わりなく、すべての人が競争に参加することができます。人びとは、自由で平等な立場で、取引を行うことができます。このように、市場では、「経済活動の自由」や「機会の平等」が保障されています。

　もう一つの大きな特徴は、「自由放任（レッセ・フェール）」という考え方です。それは、経済は市場における自由競争に委ねるべきであり、国家が市場に干渉すべきではない、という考え方です。そして、この考え方の根拠になっているのは、市場における自由競争のもとでは、私益と公益は一致する、という議論です。この議論は、第３章で見たとおり、スミスが唱えたものです。スミスは、資本の投下に関わって、次のように論じています。

　あらゆる個人は、自分の資本の最も有益な使い道を見つけようと努力している。その目的は自分の利益であって、社会の利益ではない。だが、自分の利益への努力は、自然に、むしろ必然的に、社会にとって最も有益な使い道を選ばせる。たしかに、個人は、社会の利益を推進しようと考えていないし、どれだけ推進しているかも知らない。国外よりも国内の産業を支持するのを選ぶことで、個人は自分の安全だけを考えているのであり、また、生産物が最大の価値をもつような仕方でその産業を方向づけることで、個人は自分の利益だけを考えている。だが、このような場合でも、個人は、見えざる手に導かれて、社会の利益を推進するのである。

　スミスはこのように論じて、私益と公益の一致を唱えています。これが有名な「見えざる手」の議論です。そして、この議論に従うと、自由競争のもとでは、私益と公益は自然に一致するのだから、市場のことは市場に任せておけばよいし、そうすべきである、ということになります。これが自由放任という考え方です。

ところが、この考え方をさらに進めると、市場における自由競争が自然に公益を実現するのであるから、市場は倫理と関わらなくてもよいし、むしろ関わるべきではない、ということにもなります。このような考え方を「市場の没倫理性」と言います。

　しかし、市場は本当に倫理と無関係なのでしょうか。そもそも、自由競争のもとで私益と公益は一致するのでしょうか。

　第1章で述べたように、私益と公益の一致という議論には問題があります。自由競争は、社会の混乱を生み、社会に不利益をもたらすこともあります。また、社会全体を豊かにする一方で、大きな不平等や格差を生み出すこともあります。だとすれば、市場は倫理と無関係であると主張することはできません。

　さらに重要なのは、市場にも倫理がある、ということです。倫理とは、人間が社会の一員として守るべきルールのことです。そして、市場も一つの社会です。それゆえ、市場にもルールがあるのです。だとすれば、市場は倫理と無関係ではありえません。

　じつは、スミスも、市場には人びとが守るべき「正義の法」がある、と考えています。また、ハイエクも、市場は独自のルールをもった自生的秩序である、と主張しています。

── 市場の倫理

公正

　では、市場における倫理とはどのようなものでしょうか。大きく分けると、「公正」と「信頼」の二つがあります。

　まず、市場における公正とは、ルールを守ることです。そのルー

ルとは、スミスであれば、「正義の法」のことです。スミスによると、正義の法のうち、最も神聖なものは、生命や身体を守る法です。それを犯した場合は、復讐や処罰が最も強く求められます。その次は、所有権や所有物を守る法です。そして、最後は、個人間の契約によって成立する権利を守る法です。

　そして、スミスの考えでは、このような正義の法を犯さないかぎり、あらゆる人は、市場において、まったく自由に、自分のやり方で自分の利益を求めることができます。そして、自分の勤労や資本を、ほかのどの人やどの階級の人びとの勤労や資本とも、競争させることができます。

　ですが、市場では、あらゆる人が自己利益を目的として行動しています。それゆえ、自己利益という目的のために、正義の法が犯される恐れはつねにあります。では、どのようにすれば、正義の法は守られるのでしょうか。

　一つの方策としては、正義の法を犯すよりも、それを守るほうが、長期的には、より多くの利益が得られることを、つまり、正義の法が自己利益に適うことを示す、というものが考えられます。たとえば、ヒュームがこのような方策を唱えています。

　それに対して、スミスは何かの方策を唱えているわけではありません。むしろ、多くの人は正義の法をみずから守るようになる、と考えています。

　スミスによると、人間には、「自己愛（利己心）」だけでなく、他人から「共感」されたいという欲求もあります。そこで、人びとは、自己愛から自分の幸福を求めますが、同時に、他人からの共感を欲して、自己愛をみずから抑えようとします。

　このことは、市場における競争についても言えます。その場合、

「他人」とは、競争相手ではなく、競争に関わらない「第三者」です。第三者は、公平な立場から競争を見ることができます。この第三者を、スミスは「公平な観察者」と呼んでいます。

　そのうえで、スミスは次のように論じています。富をめざす競争において、人びとは、競争相手を追い抜くために、精いっぱい走ってもよいし、全力を尽くしてもよい。だが、競争相手を押したり、倒したりすれば、公平な観察者からの共感は得られない。それは、「フェア・プレー」の侵犯であり、観察者が許せないものである。

　そこで、スミスの考えでは、人びとは、公平な観察者からの共感を欲して、自己愛をみずから抑え、フェア・プレーに徹しようとするのです。フェア・プレーとは、まさに「公正」のことであり、具体的には、正義の法を守ることです。このようにして、人びとは、市場において、正義の法をみずから守るようになるのです。

信頼

　次に、市場における信頼とは、取引においてお互いを信用することです。そもそも、人びとがお互いを信用できなければ、取引は成り立ちません。つまり、信頼は、市場が成立するための必要条件なのです。

　また、経済学の立場では、信頼は「取引費用」を軽減するものと捉えられています。取引費用とは、取引される財に支払われる費用とは別に、取引そのものを行うのに必要な費用のことです。たとえば、財を調べたり、契約を交わしたりするのに要する経費や時間などがそうです。

　経済学の「競争的市場」モデルは、短期の取引をベースにしており、そこでは、取引費用がゼロと仮定されています。ですが、現実

の経済では、長期の取引も一般的に行われており、その取引費用も膨大です。この長期の取引において、相手との信頼関係があると、相手が協力的に行動することが期待できるために、財を調べたり、契約を交わしたりする必要がなくなります。このように、信頼は、長期の取引において取引費用を軽減するものです。

　さらに、短期の取引をベースとする競争的市場においても、信頼は必要不可欠です。相手が信用できなければ、財を調べたり、契約を交わしたりするのに膨大な経費や時間を要するため、取引するのが難しくなります。相手との信頼関係がなければ、取引そのものが成り立ちません。それゆえ、経済学の立場からも、信頼が市場の成立の必要条件であると言うことができます。

　このように、信頼は、市場が成立するための必要条件であり、さらに、取引費用を軽減するものです。とくに、後者は、信頼という倫理が経済的な利益をもたらすことを、つまり、倫理と経済が相関関係にあることを意味しています。

　もっとも、信頼という倫理がつねに経済的な利益をもたらすとは限りません。たとえば、長期の取引を優先する場合、別の取引で得られたはずの利益が取引費用の軽減分を上回り、結果として、損になることもあります。その場合、これまでの信頼関係をとるか、より有利な取引をとるか、という選択に迫られます。ここでは、倫理と経済は両立しないようにも見えます。

　ただ、そうであっても、信頼が市場の成立の必要条件であることに変わりはありません。倫理と経済は、より深いところでは、両立可能であり、また、両立する必要があります。

•── 市場の倫理性

市場の倫理的問題

　ここまで見てきたように、市場にも、公正や信頼という倫理があります。しかし、公正や信頼が実現するとしても、それだけで、市場が倫理的になるわけではありません。

　まず、市場における競争が、倫理的な問題を含むことがあります。たとえば、不正でないとしても、倫理的に非難されるような商売をする場合や、よく売れるとはいえ、倫理的に望ましくない商品をつくる場合です。ルールさえ守ればよい、売れさえすれば何でもよい、という問題ではありません。

　また、市場における競争が、倫理的な問題を引き起こすこともあります。たとえば、競争の結果、大きな不平等や格差が生じる場合や、さまざまな環境問題が生じる場合です。公正な競争の結果であるから、不平等や格差を是正する必要はない、環境に悪影響を及ぼすこともやむを得ない、というわけにはいきません。

　さらに、市場や競争そのものが倫理的な問題になることもあります。市場では、人びとが自己利益を目的として競争し、さまざまな財やサービスが取引の対象とされます。ところが、市場経済が人間の生活の大きな部分を占めるにつれて、自己利益を求めて競争することが人間の生き方と考えられるようになったり、公共的な財やサービスが商品と見なされるようになったりします。ですが、人間は、自己利益を求めて競争するだけの存在ではありません。また、すべての財やサービスを商品として売買することは、基本的人権を侵害し、人間の尊厳を奪うことにもつながります。

これらの問題のうち、とくに、市場における競争に伴う不平等や格差をめぐって、「市場主義」と「反市場主義」が鋭く対立しています。市場主義とは、政府などによる規制を取り除き、自由競争を推し進めれば、市場経済が発展し、問題はおのずから解決する、という立場であり、反市場主義は、それに反対する立場です。

　まず、反市場主義は次のように主張しています。不平等や格差は、市場における競争が激しくなったために生じたのであり、市場そのものが不平等や格差の問題を解決することは、原理的に不可能である。それゆえ、この問題を解決するには、政府などが市場に積極的に介入する必要がある。

　それに対して、市場主義は次のように主張しています。不平等や格差は、政府などによる規制のせいで、市場における競争が不完全であるために生じたのであり、市場そのものには、何ら欠陥はない。それゆえ、規制が撤廃され、完全な競争が実現されるならば、不平等や格差の問題は自然に解消する。

　また、公共的な分野に市場原理や競争原理を導入する「市場化」の問題をめぐっても、市場主義と反市場主義は鋭く対立しています。反市場主義は、安全などの公共部門を市場に委ねることは、人びとの福祉を危うくするものであるとして、それに反対しています。それに対して、市場主義は、公共部門を市場に委ねることは、限られた資源を適切に配分することになり、むしろ福祉を向上させるとして、それを擁護しています。

　このように、不平等や格差の問題、市場化の問題をめぐって、市場主義と反市場主義は真っ向から対立しており、一致点が見出せない状況です。

市場は倫理的である

ところで、経済の世界では、市場における競争に伴う不平等や格差を容認する議論がいくつかあります。そのうち、影響力がとくに強いのは、アメリカの鉄鋼王カーネギーの議論です。

カーネギーによると、市場における競争は、不平等や格差を拡大させ、富者と貧者の分裂を生み出します。しかし、その一方で、有能な人びとに富を集中させ、そうすることで、文明を大きく発展させます。それゆえ、市場における競争に伴う、不平等や格差の拡大や富の集中は、人類の進歩にとってむしろ必要なものです。カーネギーはこのように論じて、文明の発展や人類の進歩という観点から、市場における競争を正当化しています。

ただし、カーネギーの議論には、その続きがあります。カーネギーによると、富は社会から有能な人びとに「委託」されたものであり、富者になった有能な人びとは、その富を社会に還元しなければなりません。つまり、富者には、自分の能力によって得た富を、社会にとって最も有用な仕方で用いる義務があるのです。そして、カーネギー自身、みずからの考えに従い、さまざまな社会貢献を行っています。カーネギーの考えは、現在でも、アメリカの企業家の理念とされています。

次に、経済学でも、市場における競争に伴う不平等や格差を容認する議論がいくつかあります。そのうち、とくに有名なのは、アメリカのクラークの議論です。

一般に、生産を行うためには、労働力、土地、資本の三つが必要です。これらを生産要素と言います。そして、生産の成果は、労働者、地主、資本家に対して、それぞれ、賃金、地代、利潤・利子の形で分配されます。クラークによると、完全競争市場では、生産の

成果は、各生産要素が生産にどれだけ貢献しえたのか、その貢献度に応じて分配されます。つまり、市場は、各生産要素が受けるに値するものをそれぞれに与えるのです。それゆえ、その分配は公正なものです。クラークはこのように論じて、分配の公正さという観点から、市場における競争を正当化しています。

以上のように、カーネギーは、文明の発展や人類の進歩という観点から、クラークは、分配の公正さという観点から、それぞれ、市場における競争を正当化しています。そして、二人はともに、市場は倫理的であると考えています。

市場は倫理的か

他方、市場は倫理的であるという考えに対して、それを批判する経済学者も数多くいます。その代表と言えるのは、アメリカのナイトです。

ナイトは、クラークのような、市場における分配の公正さにもとづく議論を批判しています。ナイトによると、完全競争市場は現実には存在しないものであり、それをもとにして、経済政策について考えることはできません。また、かりに生産への貢献度に応じた公正な分配が実現するとしても、それをもって、市場が倫理的であるとは言えません。なぜなら、生産物の価値を決めるのは、市場における需要であり、その需要が倫理的であるかどうかが、さらに問題になるからです。

また、ナイトは、市場における分配を「ゲーム」の勝敗の結果とする、通俗的な議論も批判しています。ナイトによると、ゲームでは、才能、努力、運の三つが必要ですが、市場における競争というゲームは運によるところが大きく、そのために、ゲームに参加する

条件に関して大きな不平等が存します。それゆえ、市場における競争というゲームは公正とは言えませんし、そのゲームが行われる市場も倫理的とは言えません。

このように、ナイトは、市場は倫理的であるという考えが自明ではないことを明らかにしています。そして、市場が倫理的であるかどうかは、市場とは独立したところで議論されるべきである、と主張しています。

そこで、ナイトの主張に従うとすれば、市場が倫理的であるかどうかを考えるには、市場の内側ではなく、市場の外側に立つ必要があります。そして、その場合には、「効率」や「効用」といった市場の原理ではなく、「権利」「義務」「徳」といった別の原理にもとづく必要があります。

そのことに関連して、近年では、新たな「競争の倫理」が模索されています。それは、公正や信頼に加えて、権利、義務、徳などを組み入れようとするものです。その大きな特徴は、市場の外側から市場を倫理的に評価することであり、さらに、競争の当事者だけでなく、競争の影響を受ける人びとにも配慮することです。

── 市場の統制

市場の失敗

続いて、市場の統制という問題について見ていきます。しばしば、市場が激しく変動し、社会に大きな混乱をもたらすことがあります。一般に、それを「市場の暴走」と言います。そして、市場の暴走をうけて、市場を統制すべきかどうか、統制すべきだとすれば、どの

ように統制すべきか、といった問題が議論されています。とくに、政府などによる市場への介入をめぐって、先に見たとおり、市場主義と反市場主義が鋭く対立しています。

まず、市場を統制すべきかどうか、という問題については、経済学で言う「市場の失敗」が参考になります。市場の失敗とは、市場のメカニズムが機能しないことや、市場そのものが存在しないことなど、市場の働きに限界があることです。

たとえば、市場における競争によって、独占や寡占が生じ、そのために、価格の自動調節機能が働かなくなることがあります。この場合には、政府が規制や取締りを行う必要があります。

また、生産活動が廃棄物を生み出し、環境破壊を引き起こすことがあります。ですが、廃棄物を取引する市場がないために、環境破壊を抑えることができません。そこで、この場合にも、政府が生産活動を規制する必要があります。ちなみに、市場における活動が市場の外で不利益を生み出すことを、「外部不経済」と言います。市場は、この外部不経済の問題を解決できません。それを解決できるのは政府だけです。

さらに、公共的な財やサービスは、すべての人に対して、その所得に関わりなく、提供されるべきものです。それゆえ、それらを市場における取引の対象とするのは望ましくありませんし、また、難しくもあります。そこで、この場合には、政府などがそれらを提供する必要があります。

このように、独占や寡占、外部不経済、公共的な財やサービスについては、市場の働きには限界があり、政府の働きが重要になります。したがって、こうした市場の失敗から考えると、少なくとも必要な場合には、政府などが市場を統制すべきである、ということに

なります。

　では、市場における競争に伴う不平等や格差は、市場の失敗の事例、とくに、外部不経済の事例と言えるでしょうか。これについては、立場によって、見解が分かれています。不平等や格差は市場の内部で生じるものであり、その限りでは、外部不経済の問題ではありません。ですが、その不平等や格差が拡大して、人びとの生活や社会の存立を危うくするとすれば、それはまさに外部不経済の問題になります。

市場と国家
　さて、少なくとも必要な場合には、政府などが市場を統制すべきであるとして、どのように統制すべきでしょうか。この問題については、近代以降、ずっと議論されています。

　これまで見てきたように、近代において、市場における自由競争をいち早く唱えたのはスミスです。その意味で、スミスは市場主義の祖と見なされています。そのスミスは、市場と国家の関係について、次のように論じています。

　政府による特恵・保護・規制が撤廃されるならば、「自然的自由の体系」がおのずから確立される。そこでは、人びとは、正義の法を犯さないかぎりで、まったく自由に、自分の利益を追求し、お互いに競争することができる。そして、この体系によれば、主権者がなすべき義務は、防衛、司法行政、公共事業の三つだけである。国家の正当性も、これらのうちにのみ存する。

　スミスはこのように論じて、国家の役割を必要最小限にとどめようとしています。そのような国家は「夜警国家」と呼ばれています。そして、スミスの議論は、のちの「経済的自由主義」や「自由放任

主義」に受け継がれることになりました。

　しかし、その一方で、不平等や格差の拡大をうけて、国家による市場の統制が唱えられるようになりました。その先駆けとされるのはヘーゲルです。第3章で述べたとおり、ヘーゲルによると、市場では、人びとは自分の欲望にもとづいて行動し、自分の利益を求めて競争します。そして、その競争は不平等を引き起こします。それは、市場から生まれたものであり、市場によっては解決できません。それを解決できるのは国家だけです。国家は、市民社会の上位にあって、市民社会を統制するのです。

　その後も、市場と国家の関係をめぐって、議論が交わされてきました。スミスのように、国家による市場の統制について、消極的な立場に立っているのは、たとえば、ハイエクやノージックです。その反対に、ヘーゲルのように、積極的な立場に立っているのは、ケインズやロールズです。

　ところが、近年では、市場と国家という対立の図式そのものが成り立たなくなっています。20世紀の後半から本格的に始まった「グローバリゼーション」によって、市場が国境を越えて地球規模で拡大し、国家を完全に超えてしまったからです。

　そして、このような「グローバル市場」は、従来の問題をいっそう深刻にしています。たとえば、不平等や格差は、一つの国における個人や階層のあいだの問題であると同時に、世界における国家のあいだの問題にもなっています。さらに、金融市場でとくに見られるように、一つの国や企業の動きが世界的な危機を引き起こすような事態になっています。

　グローバル市場を、誰が、どのように統制すべきか。ここにきて、新たな問題が生じています。

8 経済体制

「経済体制」とは、特定の経済原理にもとづいた社会のしくみのことです。その経済体制には、「資本主義」と「社会主義」があります。ここでは、資本主義や社会主義とは何か、それらには、どのような長所と短所があるのか、そして、現代の経済体制はどうなっているのか、といった問題について見ていきます。

•── 商業社会

商業社会とは

　資本主義や社会主義は、近代から現代にかけて成立しましたが、それ以前にも、もちろん、経済社会は存在していました。スミスによると、経済社会は「狩猟」「牧畜」「農業」「商業」という順に発展してきました。そこで、資本主義や社会主義について見るまえに、とくに「商業社会」について見ておきます。

　では、商業社会とはどのような社会でしょうか。スミスは次のように説明しています。

　文明社会では、人は、他人の協力や援助をつねに必要としています。ですが、相手の慈愛に期待してもむだです。むしろ、相手の「自己愛」に働きかけ、自分の利益が相手の利益になることを示すほうがうまくいきます。他人に「取引」を申し出る者は、誰でもそうしようとするのであって、「わたしの欲しいものをください、そ

うすれば、あなたの欲しいものをあげましょう」というのが、その申し出の意味です。そして、このように他人と取引することで、自分が必要とするものを手に入れるのです。

そのことを、スミスは次のように述べています。われわれが食事を当てにするのは、肉屋や酒屋やパン屋の慈愛からではなく、彼らの利己心からである。われわれは、彼らの人間愛ではなく自己愛に話しかけるのであり、われわれ自身の必要ではなく彼らの利益について語るのである。

そして、このような自己愛にもとづく取引を中心とする社会が、スミスの考える「商業社会」です。

では、商業社会はどのようにして成立するのでしょうか。スミスはそれを「交換」と「分業」によって説明しています。

人間は、物を交換するという性質をもっており、自分の労働の生産物をお互いに交換することができます。そこで、人は、自分の労働を自分の得意なものに集中させて、より多くの物を生産し、それを他人の労働の生産物と交換しようとします。こうして、人びとのあいだで、分業が確立します。

そして、分業が確立すると、自分の欲求のうちで、自分の労働の生産物によって満たすことができるのは、ほんのわずかになってしまいます。自分の欲求のほとんどは、自分の労働の生産物を他人の労働の生産物と交換することによってしか、満たすことができません。こうして、あらゆる人が、交換することによって生活するようになります。つまり、「商人」のようになります。そして、社会は「商業社会」と呼ぶべきものになるのです。

このように、スミスは、交換が分業を生み出し、両者が商業社会を成立させると論じています。商業社会は、言い換えると、交換と

分業にもとづく社会です。

商業社会の長所と短所

では、商業社会には、どのような長所と短所があるのでしょうか。

長所としては、何よりもまず、人間の経済生活を飛躍的に向上させることが挙げられます。スミスによると、分業によって、生産量は大きく増加します。そして、よく統治された社会では、生産量が増加することで、富が社会全体に行き渡ります。人びとは、自分の労働によって大量の品物を生産し、それをお互いに交換することで、自分が必要とする多様な品物を手に入れることができます。こうして、商業社会の人びとは、ほかの社会とは比べものにならないほど、経済的に豊かな生活を送ることができるのです。

また、商業が秩序や平和をもたらすことも、しばしば、商業社会の長所として挙げられます。中世末期から近代初期のヨーロッパは、戦争と内乱の時代でした。そうした状況のなかで、フランスのモンテスキューをはじめとする思想家たちによって、商業による秩序と平和という考え方が唱えられるようになりました。それは、国家と国家、個人と個人が、商業によって交流を深め、結びつきを強めることによって、戦争や内乱を抑え、新たな秩序や平和を築く、という考え方です。ただ、現実には、商業は、新たな秩序や平和だけでなく、新たな混乱や戦争ももたらすことになりました。

次に、短所としては、まず、スミス自身が商業社会の問題点を指摘しています。スミスによると、第一に、商業は、人びとを誠実で几帳面にするとはいえ、分業のために、人びとの視野を狭くし、人びとを愚かにします。第二に、分業は、仕事を単純な労働に分割します。そのために、子供が労働に従事するようになり、教育がなお

ざりにされます。第三に、分業によって、国防が一部の集団に委ねられ、そのために、人びとは武勇の精神を失います。スミスはこれらの問題点を「商業精神の欠陥」と呼んでいます。

ですが、それよりもさらに重大な短所は、商業社会が人間を利己的にすることです。商業社会は、自己愛による取引を中心にしています。そこでは、慈愛や人間愛は必要とされていません。人びとは、協力や援助を、愛情や友情、感謝の念や責任感から行うのではなく、商人のように、損得勘定で交換するのです。じつは、スミス自身もそのことを指摘していますが、大きな問題と捉えてはいません。しかし、たとえば、ミルはこの問題を深刻に受け止めています。そして、すべてを富のために犠牲にする性格や、わき目もふらない利己心を「商業精神」と呼び、それを批判しています。

•── 資本主義

資本主義とは

スミスの考えた商業社会は、歴史的には、初期の資本主義であり、理論的には、資本主義における基本的な形態です。では、資本主義とはどのような経済体制でしょうか。

資本主義とは、第1章で述べたように、「私有財産制」「商品経済」「市場経済」「自由競争」「利潤追求の自由」などを原理とする経済体制のことです。

私有財産制とは、土地・工場・機械などの生産手段を、個人や企業が私的に所有することができる、という原理です。土地を私有するのは地主であり、工場や機械を私有するのは資本家です。労働者

は、生産手段をもたないため、地主や資本家に雇用されて労働することになります。

商品経済とは、財やサービスが商品として生産され、流通し、消費される、という原理です。財やサービスは、もともと、商品ではありませんが、資本主義では、その多くを商品として扱います。労働者の労働力も、商品として扱われることになります。これを「労働力の商品化」と言います。

市場経済とは、財やサービスが商品として取引される場である市場を中心として、経済が運営される、という原理です。具体的には、市場において、需要と供給の関係で決定される価格に従って、財やサービスが商品として取引される、というものです。

自由競争とは、商品の取引において、個人や企業が、政府などの規制を受けることなく、自由に競争できる、という原理です。それは、すべての個人や企業が競争に参加し、自由で平等な立場で取引を行うことができる、ということを意味しています。また、市場における自由競争のもとでは、私益と公益は一致するから、経済は市場に委ねるべきであり、国家が市場に干渉すべきではない、という「自由放任」の考え方も含んでいます。

利潤追求の自由とは、個人や企業が市場で自分の利益を自由に追求することができる、という原理です。利潤とは、正確に言うと、商品の売上から生産や仕入に要した費用を差し引いたものですが、資本主義では、個人や企業は、利潤の最大化を目的とすることが認められています。

資本主義はこのような原理で動いています。資本主義の思想は、18世紀から19世紀にかけて、多くの経済学者によって唱えられました。代表的な経済学者として、スミスやミルのほかに、イギリスの

リカードやマルサス、フランスのセー、スイス生まれのシスモンディが挙げられます。ただし、彼らの立場はさまざまです。また、彼らは「資本主義」という言葉を用いていません。この言葉が広く用いられるようになったのは、20世紀になってからです。

　資本主義の経済体制は、「産業革命」をへて、19世紀の前半に成立しました。それを「産業資本主義」と言います。そして、19世紀の後半になると、「資本の集中」により、大企業が誕生しました。この時代の資本主義を「独占資本主義」と言います。

資本主義の長所と短所

　では、資本主義には、どのような長所と短所があるのでしょうか。

　資本主義は、商業社会をその基本的な形態としており、市場経済をその原理としています。それゆえ、商業社会や市場の長所は、資本主義の長所でもあります。

　商業社会の長所は、先に見たとおり、第一に、人間の経済生活を飛躍的に向上させること、第二に、商業が秩序や平和をもたらすことです。

　また、市場の長所としては、第一に、経済の「効率性」を高めることが挙げられます。市場における自由競争のもとでは、個人や企業は、利潤の最大化をめざして、より効率的に生産しようとします。その結果、質の良い商品が大量に供給されることになります。また、自由競争のもとでは、商品の価格は需要と供給の関係で決定され、また、需要と供給は価格の変化によって調整されます。それによって、限られた資源が効率的に配分されることになります。この点は、商業社会の第一の長所と重なっています。

　第二に、「人間としての自由」や「人間としての平等」を実現す

ることも、しばしば、市場の長所として挙げられます。第7章で見たように、市場では、生まれや育ち、性別や年齢、国籍や人種に関わりなく、すべての人が競争に参加し、自由で平等な立場で取引を行うことができます。このように、市場では、「経済活動の自由」や「機会の平等」が保障されています。

次に、長所の場合と同じく、商業社会や市場の短所は、資本主義の短所でもあります。

商業社会の短所は、先に見たとおり、分業によって、人びとの視野が狭くなり、人びとが愚かになること、子供の教育がなおざりにされること、人びとが武勇の精神を失うこと、そして、何よりも、商業によって、人間が利己的になることです。

また、市場の短所としては、第7章で挙げたような、さまざまな問題があります。たとえば、大きな不平等や格差を生み出すこと、環境問題を引き起こすこと、自己利益を求めて競争することが人間の生き方と考えられるようになること、公共的な財やサービスが商品と見なされるようになること、などです。

さらに、資本主義における労働の「搾取」や「疎外」も、資本主義の短所として挙げられます。

第3章で見たように、マルクスによると、労働者が生み出す「剰余労働」や「剰余価値」は、本来、労働者のものですが、資本家はそれを労働者から搾取しています。そのために、資本家と労働者のあいだで不平等が生まれます。それゆえ、資本主義は、そのしくみからして、不平等を避けることができません。

また、第5章で詳しく見たとおり、マルクスによると、資本主義では、労働者にとって、労働の生産物は疎遠な存在であり、労働そのものも自発的でなく強制的なものです。そして、そのために、労

働者は人間として生きることもできません。このように、労働者は、労働の生産物から、労働そのものから、そして、人間であることから疎外されています。

加えて、資本主義において「物象化」や「物神崇拝」が起こることも、しばしば、資本主義の短所として挙げられます。物象化とは、人間の能力や人間関係が、商品や貨幣を介するために、物のように見なされることです。また、物神崇拝とは、人間が作った商品・貨幣・資本が、人間から独立して、独自に運動しているように見えるために、人間によって崇拝されることです。このような物象化や物神崇拝の問題をいち早く提起したのも、やはりマルクスです。

●── 社会主義

社会主義とは

次に、社会主義について見ていきます。社会主義は、はじめは、「個人主義」に対抗するものとして、つまり、個人の「競争」ではなく「協同」を原理とする立場として唱えられました。ですが、のちに、資本家と労働者の対立が激しくなると、社会主義は、資本主義に対抗するものとして唱えられました。では、社会主義とはどのような経済体制でしょうか。

社会主義とは、簡単に言うと、「財産の共有」「計画経済」「協同生産」「公平な分配」などを原理とする経済体制のことです。

財産の共有とは、土地・工場・機械などの生産手段を、個人が私的に所有するのではなく、社会が共同で所有する、という原理です。それは、資本主義の「私有財産制」に対抗するものです。ここで言

う「社会」とは、政府や自治体、協同組合や労働組合のことです。また、社会が共有するのは生産手段だけであって、あらゆるものが共有とされるのではありません。

計画経済とは、経済を、市場の自由に委ねるのではなく、政府などが計画的に推進する、という原理です。それは、資本主義の「市場経済（自由経済）」に対抗するものです。また、社会主義は、重要な財やサービスについては、それを商品として扱うことに反対します。とくに、労働力を商品として扱うことは認めません。それは、資本主義の「商品経済」に対抗するものです。

協同生産とは、個人や企業が競争して生産するのではなく、集団が協同して生産する、という原理です。それは、資本主義の「自由競争」や「利潤追求の自由」に対抗するものです。また、社会主義は、市場における自由な競争のもとで、私益と公益が一致する、という考えを否定しています。

公平な分配とは、協同生産による生産物を、人びとのあいだで公平に分配する、という原理です。ここで言う「分配」は、協同生産を前提にしたものであり、それに対応する原理は、資本主義にはありません。また、「公平」については、「各人の労働に応じて、公正に」という解釈もあれば、その反対に、「各人の労働に関わりなく、平等に」という解釈もあり、立場が分かれています。

社会主義はこのような原理で動いています。社会主義の思想は、19世紀から20世紀にかけて、多くの思想家によって唱えられました。大きく分けると、初期の社会主義、マルクス主義、それとは別の系統の社会主義があります。代表的な思想家として、初期の社会主義では、イギリスのオーウェン、フランスのサン＝シモン、フーリエ、プルードンが、マルクス主義では、マルクスのほかに、ドイツのエ

ンゲルス、ベルンシュタイン、ロシアのレーニン、ハンガリーのルカーチが、マルクス主義とは別の系統の社会主義では、イギリスのウェッブ夫妻が、それぞれ挙げられます。

社会主義の経済体制は、20世紀には、ソビエト連邦をはじめとして、多くの国で採用されました。しかし、周知のとおり、20世紀の終わりには、社会主義国家の多くが崩壊しました。

マルクスの共産主義

社会主義の思想のうちでも、最も影響力があったのは、マルクスの「共産主義」の思想です。それは、マルクス自身の経済学と歴史論にもとづいています。

マルクスによると、人間は、経済生活において、一定の「生産様式」のもとで生産を行います。生産様式は「生産力」と「生産関係」からなっています。生産関係とは、領主と農民、資本家と労働者といった、とくに生産手段に関わる人間関係のことです。人間は、その時どきの生産力に応じて、そうした生産関係を取り結びます。ところが、生産力はしだいに増大しますが、生産関係は変化しません。そこで、ある段階になると、生産力と生産関係は矛盾するようになります。

そして、マルクスの考えでは、資本主義において、資本家と労働者という生産関係は、すでに、増大した生産力と矛盾しています。そして、この矛盾がさらに深刻になると、生産関係はもはや存立しなくなります。そのとき、労働者が「社会革命」を起こします。資本主義の生産関係を棄て、資本家から生産手段を奪い、資本家を滅ぼします。そして、共産主義の国家を打ち立てるのです。

では、共産主義とはどのような経済体制でしょうか。マルクスに

よると、共産主義は、生産手段の共有と協同生産を原理としています。そこでは、私有財産や賃金労働は廃止され、生産手段は国家が所有します。すべての人が、国家のもとで、自分の能力に応じて労働し、自分の労働に応じて分配されます。ただし、労働に応じた分配は、商品の交換という資本主義の考え方にもとづいています。それゆえ、この共産主義は資本主義の要素を残しており、初期の段階にすぎません。

そして、共産主義の発展した段階では、私有財産制が完全に乗り越えられます。すべての人が、自分の能力に応じて労働し、自分の必要に応じて分配されます。労働は、経済生活の手段であるだけでなく、自己を実現するものになり、すべての人が人間として生きることができます。また、この段階では、人びとの争いはなくなり、国家も必要でなくなります。そして、国家に代わって、自由で平等な協同体が設立されます。

このように、マルクスは、資本主義から共産主義への移行を、生産力と生産関係の矛盾から説明し、共産主義を、私有財産制を完全に乗り越えた、自由で平等な協同体として描いています。

社会主義の長所と短所

では、社会主義には、どのような長所と短所があるのでしょうか。

まず、社会主義の長所は、資本主義がもたらす不平等を克服することを目的にしている、ということに尽きます。すべての社会主義は、資本主義に代わる新たな経済体制を確立することで、不平等を克服することを、基本的な考えにしています。また、社会主義の原理はいずれも、不平等の克服をめざすものです。

また、マルクスの思想に限ると、資本主義における労働の搾取や

疎外、物象化や物神崇拝を克服しようとすることも、社会主義の長所として挙げられます。マルクスにとって、共産主義の社会は、労働者があらゆる隷属から解放され、自由で平等な主体になり、人間として本来の自己を実現する、理想の社会です。

次に、短所としては、第一に、経済の停滞をもたらすことが挙げられます。事実、多くの社会主義国家で経済が停滞し、それが崩壊につながったとされています。そして、停滞の原因として、「インセンティブ」の欠如が指摘されています。インセンティブとは、利潤など、経済活動への動機や誘因のことであり、個人や企業はそれに動機づけられて経済活動を行います。社会主義は、利潤を否定したために、インセンティブを失った、と考えられています。

第二に、計画経済が困難であることも、しばしば、社会主義の短所として挙げられます。たとえば、ハイエクは、社会主義に見られる「設計主義」を批判しています。設計主義とは、人間の理性によって社会を設計し、統制するという思想です。ハイエクによると、人間の理性には限界があり、すべてを把握し、正しく計画することは不可能です。それゆえ、経済は、市場という「自生的秩序」のメカニズムに委ねるべきです。

第三に、社会主義の最大の短所として、自由を抑圧することが挙げられます。社会主義は、不平等の克服を目的とし、何よりも平等をめざします。それゆえ、経済活動の自由や利潤追求の自由を原則として認めません。そして、協同生産を計画的に行うために、人びとを徹底的に管理します。ハイエクによると、計画にもとづいて人びとの行為を制限することは、まさに、自由の侵害です。さらに、計画経済は「中央集権」と「全体主義」を生み出し、それらが人びとの自由を抑圧するようになるのです。

●——現代の経済体制

修正資本主義

　ここまで、資本主義や社会主義の本性、それらの長所と短所について見てきました。両者は、19世紀から20世紀にかけて成立しましたが、その後の情勢の変化をうけて、大きく変わりました。そこで、現代の経済体制について簡単に見ておきます。

　まず、資本主義ですが、1930年代の「世界恐慌」をきっかけとして、失業や貧困を解決するために、政府が積極的に経済に関わるようになりました。そうした状況のなかで、ケインズは、資本主義のもとで、政府が市場に介入して、有効な需要を創出し、完全な雇用を実現することを唱えました。このような、政府による「経済政策」を原理とする資本主義を「修正資本主義」と言います。

　そして、第二次世界大戦後には、多くの国が修正資本主義を採用し、民間部門と公共部門からなる「混合経済」体制が確立しました。その結果、失業や貧困は大幅に解消されました。

　ところが、70年代には、混合経済体制による「財政赤字」が問題になりました。それをうけて、フリードマンは、さまざまな経済政策を行う「大きな政府」を批判し、経済への介入を行わない「小さな政府」を唱えました。フリードマンのように、政府による市場介入を排し、経済を市場のメカニズムに委ねようとする立場を「新自由主義（ネオリベラリズム）」と言います。

　そして、80年代には、多くの国が新自由主義の考えを取り入れ、規制の緩和、国営企業の民営化、社会保障の見直しなどの政策を行いました。その結果、経済が回復する一方で、不平等や格差が拡大

しました。

　さらに、90年代には、社会主義の崩壊に伴い、資本主義が世界全体に広まりました。そして、21世紀に入ると、「グローバル資本主義」が生まれ、「金融危機」が起こりました。それに対応するために、現在、各国の政府は経済に介入する動きを強めています。

社会主義市場経済

　次に、社会主義ですが、第二次世界大戦後、多くの社会主義国家が誕生しました。社会主義国家では、1950年代には、経済が急速に成長しましたが、60年代以降、経済が停滞するようになりました。そこで、社会主義国家でも、経済改革が行われるようになりましたが、そのほとんどが失敗に終わりました。そして、20世紀の終わりには、社会主義国家の多くが崩壊しました。

　そうしたなかで、中国のように、経済改革に成功した国もあります。中国は70年代の後半に「改革・開放政策」に転じました。改革とは、たとえば、農業生産を個人の責任で行うことにしたり、郷鎮企業と呼ばれる私企業を認めたり、工場生産に独立採算制を導入したりすることです。また、開放とは、たとえば、経済特区を設けて、優遇政策によって外国の資本や技術を取り入れ、合弁企業を設立して、輸出産業を育成することです。

　そして、こうした政策をもとに、中国は90年代の前半に「社会主義市場経済」に移行しました。それは、生産手段の共有を維持しつつも、市場のメカニズムを利用する、というものです。この移行が成功し、中国は世界有数の経済大国になりました。しかし、その一方で、資本主義と同じように、大きな不平等と格差が生まれ、社会問題になっています。

●──所有の問題

所有の制約

　現代の資本主義と社会主義はともに、不平等や格差の問題を抱えています。それは、言い換えると、「持つ者」と「持たざる者」の問題です。そこで、最後に、「所有」の問題について見ておくことにします。

　所有に関して、まず考えなければならないのは、所有の制約という問題です。たとえば、ロックは、第5章で見たように、労働を所有権の根拠とする「労働所有論」を唱えていますが、その一方で、所有権に一定の制約も設けています。それは、人が自分の労働によって得たものを自分のものにできるのは、他人にも同じものが十分に残されている場合に限られる、という制約です。この制約は「ロック的但し書き」と呼ばれています。

　この制約に従うと、他人の所有を脅かす場合には、人は、自分の労働の成果であっても、それを所有することはできない、ということになります。ところが、ロック自身も述べていることですが、この制約は、「貨幣」が発明されることで、簡単に乗り越えられてしまいます。なぜなら、貨幣を所有することは、他人の所有を直接脅かすことにはならないからです。

　貨幣は、もともと、物を交換する手段として、あるいは、物の価値を表す尺度として発明されました。ところが、いったん発明されると、富を蓄積する手段としても用いられます。そこで、貨幣によって、人は際限なく所有することができるようになり、そのために、人びとのあいだで不平等や格差が生まれるのです。

このように、所有の制約の問題は、貨幣の問題でもあります。それは根の深い問題であり、容易な解決を許さないものです。

自己所有権
　所有に関して、次に考えなければならないのは、「自己所有権」という問題です。自己所有権とは、個人が自分の身体や能力に対してもつ権利のことであり、それを強く唱えているはノージックです。ノージックによると、すべての人にとって、自分の身体や才能は自分のものです。そして、自分の身体や才能によって得た財産も自分のものです。それゆえ、すべての人が、自分の財産に対して正当な資格（権原）をもち、それを自由に使うことができます。

　ノージックの議論は自明であるように思えます。ですが、イギリスのコーエンは、それを次のように批判しています。自己所有権そのものは、不平等なものではない。だが、財産の不平等を認める議論と結びつくと、あらゆる不平等を正当化する恐れがある。また、自分の財産に対して正当な資格があるからと言って、それを自由に使うことができるとは限らない。なぜなら、自分の財産を使うことが、場合によっては、他人の生存権を脅かすことや、他人に対する義務を怠ることになるからです。

　また、自己所有権そのものに対する批判もあります。自分の身体や能力は、もともと、親から与えられたものであり、今も、家族など、いろいろな人によって支えられています。だとすれば、自分だけのものであるとは言い切れません。

　自己所有権の問題も根の深い問題です。ただ、少なくとも言えるのは、自己所有権も、それにもとづく私有財産制も、絶対的なものではない、ということです。

9
福祉

　「福祉」は、人びとの生活を支えるものであり、経済とも深い関わりがあります。ここでは、福祉の定義・形態・歴史について見たうえで、福祉の目的や政策をめぐる議論を紹介し、福祉のあり方について考えていきます。

•── 福祉とは

福祉の定義

　そもそも、福祉とは何でしょうか。福祉はどのように行われるのでしょうか。福祉はどのように進んできたのでしょうか。福祉のあり方について考えるには、福祉の定義・形態・歴史を知る必要があります。

　そこで、まず、福祉の定義について見ていきます。

　日本語の「福祉」は、もともと、「幸福」という意味の言葉でした。漢字の「福」と「祉」はともに、「さいわい」や「しあわせ」を表しています。また、福祉は、英語では「ウェルフェア」と言いますが、ウェルフェアも「幸福」「幸運」という意味の言葉でした。ウェルフェアの同義語である「ウェル・ビーイング」も、文字どおり、「よくあること」「よい状態」を表していました。このように、日本語でも、英語でも、福祉という言葉は、もともと、幸福という意味で使われていました。

現在では、福祉は、次のように定義されています。すなわち、福祉とは、人びとの生活を安定させ、充足させることであり、とくに、社会的に弱い立場にある人びとや恵まれない人びとに対して、支援や援助を行うことです。前者は「広義の福祉」、後者は「狭義の福祉」とも呼ばれています。

　この定義で問題になるのは、誰が、人びとの生活を安定させ、充足させるのか、あるいは、誰が、社会的に弱い立場にある人びとや恵まれない人びとに対して、支援や援助を行うのか、ということです。それは、政府や自治体のような公共の組織の場合もあれば、社会福祉法人のような民間の組織の場合もあります。

　また、人びとの生活をどこまで安定させ、充足させるのか、あるいは、社会的に弱い立場にある人びとや恵まれない人びとに対して、どのような支援や援助を行うのか、ということも問題になります。それについては、最低限にとどめるという考え方もあれば、むしろそれ以上のものをめざすという考え方もあります。

　さらに、「人びと」とは誰のことか、「社会的に弱い立場にある人びと」や「恵まれない人びと」とは誰のことか、ということも問題になります。前者については、ふつうは、すべての人と考えられています。また、後者については、一般に、児童、高齢者、障害者、貧困者、失業者などが挙げられます。

　これらの問題をめぐっては、さまざまな議論があります。そのため、論者によって、福祉の定義もいくらか異なります。

福祉の形態

　次に、福祉の形態について見ていきます。

　現代では、国家が福祉の中心的な役割を担っています。そのよう

な国家を「福祉国家」と言います。第3章でも述べたように、福祉国家とは、経済政策や「社会保障」政策によって国民の福祉を実現することを目的とする国家のことです。ここで言う「福祉」は、広義の福祉です。そして、社会保障とは、国家が国民に対して最低限の生活を保障することです。国民としての最低限の生活水準のことを「ナショナル・ミニマム」と言います。

　社会保障のあり方は、国によって異なります。日本の場合、社会保障には、「社会保険」「公的扶助」「社会福祉」「公衆衛生」の四つがあります。

　社会保険は、国民生活の保障を目的とする公的な強制保険です。国民は、病気・老齢・失業などに備えて、保険料を拠出し、必要や拠出額に応じて、給付を受けます。社会保険には、医療（健康）・年金・雇用（失業）・労災・介護の五種類があります。

　公的扶助は、生活困窮者に対して行う経済援助であり、「生活保護」とも言います。公的扶助は、社会保険とは異なり、拠出を前提にしていません。すべての国民が、一定の条件を満たせば、援助を受けられます。

　社会福祉は、社会的に弱い立場にある国民に対して行う支援や援助です。ここで言う「福祉」は狭義の福祉です。社会福祉は、児童、高齢者、障害者などを対象とし、その生活を保障するために、施設やサービスの提供や手当の支給を行います。

　公衆衛生は、国民の健康の維持と増進を目的として行う施策です。具体的には、疾病の予防や対策、精神衛生、食品衛生、生活環境の整備、公害対策、自然環境の保護などであり、その一部は「環境衛生」とも呼ばれています。

　以上のような、国家による福祉のほかに、民間による福祉もあり

ます。古くは、慈善家や篤志家と呼ばれる人びとや、仏教やキリスト教などの宗教団体が行う、「慈善事業」や「社会事業」があり、現在では、社会福祉法人や非営利組織（NPO）が行う、「社会福祉事業」があります。

さらに、国家や民間による福祉とは別に、経済の世界では、経済の発展が人びとの生活水準を全体として向上させる、という考え方もあります。これを「市場的厚生」と言います。この考え方は、国家の市場介入に反対し、福祉国家を否定する「市場主義」や「新自由主義（ネオリベラリズム）」が唱えているものです。

このように、福祉の形態としては、国家による福祉、民間による福祉、市場的厚生の三つが挙げられます。

福祉の歴史

続いて、福祉の歴史について見ていきます。

まず、公的扶助の出発点とされるのは、17世紀の初めにイギリスで制定された「エリザベス救貧法」です。それは、中世の封建社会の崩壊に伴って急増した貧民を救済するためのものでした。ただし、貧民に強制労働を課すなど、じっさいには、貧民をむしろ懲罰するものでした。その懲罰的な性格は、19世紀の前半に制定された「新救貧法」でも、ほとんど変わりませんでした。

また、19世紀の後半には、民間による貧民救済事業が組織的に行われるようになりました。代表的なものとして、イギリスの「慈善組織協会（COS）」が挙げられます。ただし、それは、救済に値する貧民とそうでない者を区別し、前者だけを救済しようとするものでした。

そして、19世紀の終わりには、世界で最初の社会保険制度がドイ

ツで誕生しました。ただし、それは、労働者の運動を収めるために導入されたものであり、労働者を抑圧する法律とセットになっていました。これを「アメとムチの政策」と言います。

20世紀に入り、第一世界大戦後に、ドイツで「ワイマール憲法」が制定されました。それは、国民の生存権を保障する、世界で最初の憲法であり、今日の福祉の原点とされています。

その後、1930年代の世界恐慌をきっかけとして、社会保障という考え方が進展しました。たとえば、アメリカでは、経済復興のための「ニューディール政策」の一環として、「社会保障法」が制定されました。

そして、第二次世界大戦中に、イギリスで「ベヴァリッジ報告」が公刊されました。それは、国民の一生涯を保障する「ゆりかごから墓場まで」を掲げ、ナショナル・ミニマムを社会保障の目的とすることを唱えるものであり、福祉国家の原型を示すものでした。それをうけて、第二次世界大戦後には、イギリスをはじめとして、多くの国が福祉国家に転換しました。

ところが、70年代以降、福祉国家の多くが財政赤字に陥りました。そして、「大きな政府」を批判する新自由主義のもとで、社会保障費の削減が進められました。ですが、そうした状況でも、時代の変化に応じて、福祉は進化しつづけ、今日に至っています。

── 福祉の目的

貧困の克服

ここまで、福祉の定義・形態・歴史について見てきました。ここ

からは、福祉の目的をめぐる議論を紹介していきます。福祉は、貧困の克服を目的とするところから始まりました。そこでまず、貧困の問題から見ていきます。

　長いあいだ、貧困は、怠け者であるとか、節制ができないといった、個人の性格に由来する道徳的な問題と考えられてきました。先に見た、救貧法や貧民救済事業も、じつは、そうした考えにもとづいていました。

　しかし、貧困は、怠惰や無節制のような、個人の性格だけから生じるものではありません。むしろ、社会の経済的なしくみや変化から生じるものです。たとえば、中世の封建社会の農民や、近代の資本主義社会の労働者は、どれだけ働いても、その成果は領主や資本家のものになるため、貧困から抜け出すことができません。また、社会が急激に変化するときには、しばしば、大量の失業者が生まれますが、それは個人の問題ではありません。

　現在では、貧困は、おもに、社会のしくみや変化に由来する経済的な問題と考えられています。現代の福祉国家は、そうした考えにもとづいています。

　では、そもそも、貧困とは何でしょうか。それは、一般的には、貧しくて生活が苦しいことであり、専門的には、経済的な理由から最低限の生活を維持できないことです。ここで問題になるのは、「最低限」の生活とはどのような生活か、ということです。そして、それをめぐって、長年にわたり、議論が交わされてきました。

　はじめは、最低限の生活は、「生存できる」生活と捉えられていました。そして、貧困は、生存するのに必要なものを確保できないことと考えられていました。しかし、福祉国家の成立や経済の発展によって、そうした貧困が減少すると、人びとの関心は不平等や格

差に向かうようになりました。そして、それをうけて、貧困に対する従来の考えに対して異が唱えられるようになり、新しい考えが生まれました。それは、最低限の生活を、社会における「一般的な水準」の生活と捉え、貧困を、社会の一般的な生活水準よりもはるかに低いことと考えるものです。

現代では、生存できないという意味での貧困は「絶対的貧困」と呼ばれ、社会の一般的な生活水準よりもはるかに低いという意味での貧困は「相対的貧困」と呼ばれています。先進国では、相対的貧困を福祉の基準にしています。

そして、近年、「格差」がとくに問題になっていますが、その格差とは、経済的には、この相対的貧困のことです。ただし、格差という言葉には、相対的貧困とは異なり、「不平等」「不公平」「不条理」といった考えが含まれています。

また、相対的貧困がもっぱら経済に関わるのに対して、格差は経済だけにとどまりません。所得や資産など、経済における格差だけでなく、教育、文化、政治など、社会生活全般における格差もあります。そして、所得の格差が教育の格差を生んだり、資産の格差が世代を越えて受け継がれたり、といったぐあいに、格差はつながり、広がっていきます。

このように、相対的貧困と格差には重要な違いがあります。相対的貧困よりも格差が使われるのも、そうした違いのためである、と指摘されています。とはいえ、相対的貧困であれ、格差であれ、それを克服するのが福祉の目的であることに変わりはありません。

必要の充足

福祉の目的は、まずは、貧困を克服することですが、より具体的

には、社会における「一般的な水準」の生活に必要なものを提供することです。そこで、問題になるのは、「必要なもの」とはどのようなものか、ということです。

　福祉の分野では、一般に、「必要」は「需要」との対比で考えられています。その考えによると、需要は、個人の主観的な「欲求」にもとづいていますが、それに対して、必要は、個人の欲求を超えた、客観的な「価値」にもとづいています。そして、需要は「利／害」や「快／苦」によって判断されますが、それに対して、必要は「善／悪」や「正／不正」によって判断されます。

　そこで、必要とは、誰にとっても価値のあるものであり、誰にとっても善いもの、正しいものです。平たく言うと、誰にとっても望ましいものです。そして、福祉の目的は、人びとがそのような必要を充足するのを支援したり、援助したりすることにあります。

　もっとも、この「必要」という考え方には、いくつかの問題点も指摘されています。

　第一に、必要がもとづいている「価値」は、つまるところ、社会において多数の人びとが抱いている、共通の価値観です。だとすると、少数の人びとが必要としているものが、たんなる個人的な欲求にもとづく需要と見なされ、退けられる恐れがあります。

　第二に、そのことに関連して、個人の多様性が十分に配慮されない恐れもあります。共通の価値観が強いところでは、しばしば、福祉が人びとに対して多様な生き方を認めず、一様な生き方を強いることがあります。

　第三に、個人の自主性が損なわれる恐れもあります。福祉は人びとの必要に対する支援や援助を行いますが、それを一方的に押し付けることもあります。その場合には、価値観が共有されていても、

人びとの自主性が失われることになります。

ノーマライゼーション

さて、福祉の目的に関しては、新しい考え方も生まれています。その一つは「ノーマライゼーション」です。それは「通常化」や「正常化」とも訳されています。

ノーマライゼーションは、障害者福祉の分野で生まれました。それは、人びとが、障害の有無に関わりなく、通常の生活を送れるようにすべきである、という考え方です。この考え方によると、障害者が健常者とともに生活できる社会こそ、正常な社会です。そして、福祉の目的は、障害者が社会に参加し、社会で生活することができるように支援したり、援助したりすることです。この考え方に従って、「バリアフリー」「ユニバーサル・デザイン」などが推進されています。

ノーマライゼーションは、障害者の人権思想として誕生し、現在は、福祉の基本的な考え方にもなっています。その大きな特徴は、万人を平等に扱うこと、そして、個人の多様性や自主性を重視することです。ノーマライゼーションは、自立した生活を送るのが困難な人びとを差別したり、排除したりすることに強く反対し、そうした人びとを含む、すべての人が通常の生活を送れるように、社会が支えることを主張しています。さらに、すべての人が自立でき、多様な人びとが共存できるような社会を唱えています。

近年では、ノーマライゼーションに近い考え方として、「社会的包摂」が提唱されています。社会的包摂とは、一部の人びとが社会から排除される「社会的排除」を防止・是正し、すべての人が社会に参加し、社会的な生活を送ることができるようにする、という考

え方です。それは、社会学の分野で生まれたものですが、ノーマライゼーションをより一般化したものと見られています。

ケイパビリティ

　また、福祉の目的に関する新しい考え方として、第3章と第4章で紹介した、センの「潜在能力」も挙げられます。潜在能力は、英語で「ケイパビリティ」と言います。

　センによると、ケイパビリティとは、選択可能な「機能」の集合のことです。そして、機能とは、財の利用によって達成しうる状態や活動のことです。たとえば、健康である、体を使って移動する、衣食住を営む、社会に参加する、といったことです。人は、さまざまな財を用いることで、そうした機能をもつことができます。そして、それらのうち、その人がじっさいに選ぶことができるものを合わせたものが、ケイパビリティです。そこで、ケイパビリティは「生き方の幅」とも訳されています。

　そして、センは、人びとのケイパビリティを広げることが、福祉の重要な目的である、と考えています。センによると、福祉を実現するには、人びとに財を分配するだけでは、十分ではありません。なぜなら、財が与えられても、いろいろな障壁のために、それを活かすことができない人びともいるからです。それゆえ、重要なのは、障壁を取り除き、人びとが、財を用いてさまざまな機能を手に入れ、それらをじっさいに選べるようにすること、つまり、人びとのケイパビリティを広げることです。

　センの考え方は、さらに、アメリカのヌスバウムによって展開されています。ヌスバウムは、人間にとって中心的な機能のリストを示したうえで、人間がそうした機能に達しうる最低水準を社会の目

標とすることを唱えています。

●── 福祉の政策

福祉国家とは

　続いて、福祉の政策をめぐる議論を紹介していきます。現代では、福祉国家を中心として、さまざまな政策が行われています。では、そもそも、福祉国家とはどのような国家でしょうか。

　福祉国家とは、一般に、国民生活や市場に対して積極的に介入し、政治によって経済を統制することによって、貧困などの社会問題を是正しようとする国家のことです。福祉国家の政策には、主なものとして、社会保障の実現、社会権の確立、財政・金融政策の実施、計画による経済の推進があります。それらの政策はいずれも、自由放任を唱える経済的自由主義や市場主義の考え方を否定するものです。また、経済体制としては、修正資本主義の典型です。

　このような福祉国家には、いくつかの前提があります。それは、経済が持続的に成長すること、中産階級や労働者階級によって支えられること、国民国家という体制をとること、などです。しかし、1970年代以降、そうした前提が崩れ始め、また、財政赤字が膨大になり、福祉国家は危機に陥りました。それに伴い、福祉国家を批判する動きや、福祉国家に代わる「福祉社会」を唱える動きも起こりました。

　福祉国家に対する批判としては、ハイエクによる批判が有名です。第3章で見たように、ハイエクは、市場介入は個人の自由を侵害するものであり、所得や財産の再分配は一部の人びとの権利を侵害す

る、と論じています。また、第8章で見たように、ハイエクは、社会主義の計画経済を困難なものとして批判していますが、同じ批判を福祉国家にも当てはめています。さらに、ハイエクのほかに、新自由主義による「大きな政府」批判も有名です。

また、福祉社会という考え方としては、かつて、社会保障費を抑え、個人や家族の自助努力や、地域社会の助け合いによって補う、という「日本型福祉社会論」も唱えられました。ですが、現在では、福祉国家から福祉社会への転換ではなく、両者の相補関係の構築が唱えられています。

さらに、福祉国家批判や福祉社会論をうけて、福祉国家に対する再考もなされています。ロールズやセンの議論については、第3章で見たとおりですが、それ以外にも、デンマーク生まれのエスピン＝アンデルセンの議論が有名です。

エスピン＝アンデルセンは、人びとが市場に依存しない程度を示す「脱商品化」と、福祉国家が階層を生み出す程度を示す「階層化」という二つの指標を立てます。そして、その指標を用いて、福祉国家を、自由主義、保守主義、社会民主主義という三つのレジーム（政策・制度の形態）に分類しています。エスピン＝アンデルセンの議論は、従来の見方と異なり、福祉国家が多様であることを示し、福祉国家の可能性を探るものです。

再分配のあり方

さて、福祉の政策をめぐって、とくに論争の的になっているのは、資源の「再分配」のあり方です。資源とは必要とされる財やサービスのことですが、福祉国家は「租税」制度と「社会保障」制度を通じて資源の再分配を行います。その再分配のあり方をめぐっては、

福祉国家が誕生する以前から、議論が交わされてきました。20世紀では、ロールズの「格差原理」をめぐる議論が有名です。

　第4章で見たように、ロールズは、正義の原理の一つとして、格差原理を唱えました。それは、最も恵まれない人びとに最も配慮することを求めるものでした。これに反対したのがノージックです。ノージックは、格差原理に従って財産の再分配を行うことは、恵まれた人びとの権利を侵害するとして、それを否定しました。さらに、財産の再分配を行う国家を「拡張国家」と名づけて、それを批判しました。ロールズとノージックの対立は、リベラリズムとリバタリアニズムの論争を生み、再分配のあり方をめぐって、今も論争が続いています。

　また、「租税」の正当性についても、古くから、活発な議論が交わされてきました。近年では、アメリカのマーフィーとネーゲルの主張が知られています。二人は次のように論じています。租税政策の正当性は、租税が公正であるかどうかではなく、租税政策を行う社会が公正かどうかにかかっている。租税が所有権を侵害するという議論があるが、所有権も社会の規約にもとづいているのだから、その議論は妥当ではない。二人はこのように論じて、租税の正当性を主張し、租税に対して否定的な議論を批判しています。

　次に、「社会保障」における分配のあり方に話を移します。

　福祉の分野では、分配に関して、「貢献（功績）原則」と「必要原則」という二つの原理があります。貢献原則とは、人びとに資源を分配するときには、それぞれの人に分配される量は、その人がなした貢献に応じて決定されるべきである、という考え方です。それに対して、必要原則とは、その人が必要とする程度に応じて決定されるべきである、という考え方です。貢献原則に従うと、多くの貢

献をなした人がそうでない人よりも多くのものを得ることになります。それに対して、必要原則に従うと、多くの必要をもつ人がそうでない人よりも多くのものを得ることになります。

　公平性という観点からすると、貢献原則のほうが望ましいように思えます。しかし、貢献原則には、原理的な問題もあります。貢献は「能力」「努力」「運」の三つにもとづいていますが、そのうち、運は明らかに個人を超えたものであり、能力も個人の意志を超えたものです。それゆえ、運や才能にもとづく貢献に応じて分配を決めることには、大きな疑問があります。さらに、個人のものと言えるのは努力だけですが、努力も環境に左右されるので、個人だけのものとは言い切れません。したがって、貢献原則を絶対視することは、かえって公平性を損なうことになります。

　また、福祉の分野では、政府による再分配に関して、「選別主義」と「普遍主義」という二つの立場があります。政府は、資源を再分配する場合、資源が限られているために、「受給資格」を設け、資格をもつ人びとだけに給付を行います。選別主義とは、受給資格を限定する立場であり、それに対して、普遍主義とはそれを拡大する立場です。

　選別主義と普遍主義をめぐる論争は古くからありますが、現在は、選別主義が優勢です。ただし、選別主義に対しては、倫理的な問題も指摘されています。たとえば、「資力調査（ミーンズ・テスト）」によって受給資格をもつ人びとを限定すると、その人びとは、例外的な存在と見なされ、給付内容によっては、負のレッテルを貼られ、差別を受けることもあります。この負のレッテルを「スティグマ」と言います。そこで、選別主義を採る場合には、スティグマを生まないように注意する必要があります。

── これからの福祉

ワークフェア

　最後に、福祉の新しい試みについて見ておきます。その一つは「ワークフェア」です。それは「ワーク（仕事）」と「ウェルフェア（福祉）」の合成語であり、「勤労福祉」とも訳されています。

　ワークフェアとは、元来の意味では、公的扶助の受給者に対して、労働することを義務づける、という考え方です。それは、労働の対価として給付を行うことで、受給者の精神的な自立を促し、労働を通じて技能を身につけさせることで、受給者の経済的な自立を促すものです。

　ワークフェアは、アメリカで導入された考え方であり、「貧困の罠」を避けることを一つの目的にしていました。貧困の罠とは、公的扶助の受給者が、働くと扶助が減って所得が下がるために、働く気を失う、という事態です。ですが、ワークフェアという言葉が世界に知られるにつれて、その意味や目的も広がりました。現在では、それは、社会保障の受給者の労働や社会参加を促進することをめざす政策、という意味で用いられています。その目的も、財政の軽減、行政の効率化など、さまざまです。

　元来の意味でも、現在の意味でも、ワークフェアは、福祉と労働を結びつけることによって、社会的包摂をめざすものであり、新しい試みとして評価されています。ただし、ワークフェアの政策のなかには、受給者を、経済成長を阻害する要因と捉え、その除去のために、受給者の自立に対する支援や援助を行うものもあります。また、ワークフェアそのものが、グローバル経済のなかで、競争力を

強化するための手段にされることもあります。こうした点が問題になっています。

ベーシック・インカム

　福祉の新しい試みとしては、「ベーシック・インカム」もあります。それは「基礎所得」と訳されています。
　ベーシック・インカムとは、社会のすべての市民に対して、一定額の所得を無条件に給付する、という考え方です。それは、収入がどれだけあるか、働いているかどうか、誰と暮らしているか、どこに住んでいるか、といったことには関わりなく、最低限の生活に必要な所得を事前に給付するものです。
　ベーシック・インカムには、大きな特徴がいくつかあります。第一に、ワークフェアとは対照的に、労働と福祉を切り離すことによって、社会的包摂をめざすことです。第二に、すべての人を対象とすることから、スティグマを生まないことです。そして、第三に、事後ではなく事前に給付を行うことで、より実質的な自由と平等が実現できることです。
　ですが、ベーシック・インカムに対しては、財源をはじめとして、いくつかの問題もあります。とくに、倫理的なものとして、働く意欲のない人びとを優遇するのではないか、という「フリー・ライダー」の問題や、働かないほうが収入が上がるために、働くのをやめてしまうのでないか、という「失業の罠」の問題があります。こうした問題をめぐって、活発な議論が交わされています。
　とはいえ、ベーシック・インカムは、まったく新しい試みであり、福祉のあり方を大きく変える可能性があります。

10
環境

　産業の発展は、人びとの生活を豊かにする一方で、環境の破壊や汚染をもたらしました。ここでは、まず、「環境問題」とそれに対応して生まれた「環境倫理」について見ていきます。そして、「産業社会」を乗り越える試みや、環境における正義の問題を紹介していきます。

◆── 環境問題

地球環境問題
　環境問題とは、産業の発展によってもたらされる「環境破壊」や「環境汚染」のことです。それらはまず、大気汚染、水質汚濁、地盤沈下などの「公害」として現れました。日本でも、水俣病をはじめとする公害が起こり、大きな社会問題となりました。また、乱開発や廃棄物による自然環境の悪化も問題になりました。
　その後、環境破壊や環境汚染は、国境を越え、地球規模で進行しました。それは「地球環境問題」と呼ばれています。地球環境問題には、主要なものとして、化石燃料の使用などによる「温暖化」、フロンガスの排出による「オゾン層破壊」、硫黄酸化物や窒素酸化物を含む「酸性雨」、焼畑農業、過放牧、商業伐採などによる「森林破壊」や「砂漠化」があります。
　さらに、新たな「公害」として、「化学物質汚染」もあります。

近年、化学物質が生物に悪影響を及ぼすことが明らかになってきました。それらの多くは、体内のホルモンを混乱させ、生殖器官の発達異常を引き起こすものであり、「環境ホルモン」と呼ばれています。なかでも、廃棄物の焼却によって発生する「ダイオキシン」は、ガンや奇形を生み出す性質があるとされ、新たな社会問題になっています。

こうした環境破壊や環境汚染は、森林、湖沼、海洋といった「生態系」を破壊し、生物種を減少させるなどして、生物の存続を脅かしています。また、温暖化による海面上昇や自然災害の増加に見られるように、自然環境そのものを消滅させ、「環境難民」を生み出す事態も引き起こしています。

環境問題に対して、各国は、法律を制定するなどして、対策を行ってきました。また、国際社会も、1972年の「国連人間環境会議」を出発点として、会議を開催したり、条約を締結したりするなど、一定の取り組みを行ってきました。そして、そうした流れのなかで、「宇宙船地球号」「かけがえのない地球」「地球規模で考え、足元から行動を」「自然との共生」「エコ」といったスローガンが唱えられるようになりました。

資源・エネルギー問題、食糧問題

次に、環境問題と関わりの深い問題として、「資源・エネルギー問題」や「食糧問題」があります。これらは、環境破壊や環境汚染の原因でもあり、環境問題に含められることもあります。

資源・エネルギー問題とは、石油や天然ガスなど、限りある資源をどのように利用すべきか、化石燃料の使用による温室効果ガスの排出をどのように抑えるべきか、新たなエネルギーをどのように開

発すべきか、といった問題のことです。

　石油の場合、かつては、欧米の先進国の国際石油資本が市場を独占していましたが、1970年代に、産油国による「資源ナショナリズム」が強まり、石油輸出国機構（OPEC）などが結成され、二度の「石油危機」が起こりました。その後も、新興国の急速な経済成長により、石油の需要が高まり、石油がますます消費されるとともに、石油の確保をめぐる国際問題も生じています。そして、他の天然資源も、同じような状況にあります。

　化石燃料の使用による温室効果ガスの排出に対しては、国や国際社会のレベルで、さまざまな対策や取り組みが行われています。たとえば、化石燃料の使用に対して課せられる「環境税」や、各国（企業）に割り当てられた排出枠を国のあいだで売買する「排出量取引」が、積極的に推し進められています。

　新たなエネルギーの開発については、かつては、「原子力発電」がその中心を担ってきました。ですが、チェルノブイリや福島の原子力発電所爆発事故をうけて、別の新たなエネルギーの開発が急がれています。とくに、太陽光、風力、地熱などの「再生可能エネルギー」の導入が求められています。それらは、温室効果ガスを排出しないため、「クリーンエネルギー」とも呼ばれています。

　次に、食糧問題とは、発展途上国における「人口爆発」のために、また、先進国における食糧消費の高度化のために、深刻な食糧不足が生じている、という問題です。

　発展途上国の人口爆発については、労働力の確保といった経済的な理由や、宗教上の慣習といった文化的な理由が挙げられています。また、先進国の食糧消費の高度化については、食肉生産の急増により、食糧が家畜の飼料として大量に使用されていることや、多くの

国で食糧が過剰になり、食糧の大量廃棄が行われていることが問題になっています。このような食糧問題に対しても、国や国際社会のレベルで、さまざまな対策や取り組みが行われています。

●──環境の倫理

環境倫理

　ところで、国や国際社会のレベルだけでなく、市民のレベルでも、環境問題に対する取り組みが行われてきました。それは、一般に、「自然保護運動」と呼ばれています。有名なものとして、イギリスで始まった、自然環境や歴史環境の保護を目的とする「ナショナル・トラスト」という市民運動や、原生の自然の保存をめざす、アメリカの「ウィルダネス」という運動があります。

　こうした運動を支えてきたのは「自然保護思想」です。近代の多くの思想は、人間を中心に考え、自然を人間の生活の手段と見なしました。それに対して、自然保護思想は、自然があらゆる生命の源であり、固有の価値をもつと主張しました。代表的な思想家として、アメリカのエマーソン、ソロー、ミューアがいます。

　そして、現代になると、アメリカのレオポルドが、生物共同体を基準とする「土地倫理」を提唱しました。また、アメリカのカーソンが、農薬による生態系の破壊を告発し、未来の世代に対する責任を強調しました。

　さらに、自然保護思想から「環境倫理」が生まれました。それは、地球の有限性、生物の保護、未来の世代に対する責任を唱える思想として出発しましたが、その後、学問として確立され、現在に至っ

ています。学問としての環境倫理は、環境をめぐる原理的な問題について考察するものです。そして、それをもとに、環境に対する人間の考え方を批判し、新たな考え方を唱えるものです。

　環境をめぐる原理的な問題のうち、ここではとくに、自然の地位や価値の問題、未来の世代への義務や責任の問題について見ていくことにします。

自然の地位と価値

　まず、自然の地位の問題ですが、正確に言うと、それは人間と自然の関係の問題です。両者については、人間は世界の中心であり、自然は人間のためにある、という考えがあります。このような考えは「人間中心主義」と呼ばれています。

　人間中心主義は、古代の宗教や思想にも見られます。たとえば、『旧約聖書』には、神はみずからに似せて人間を創り、人間にほかの生物を治めさせた、と記されています。また、アリストテレスは、自然の世界が人間を頂点とすると考え、植物は動物のために存在し、動物は人間のために存在する、と述べています。

　人間中心主義は、近代の思想にも見られます。たとえば、イギリスのベーコンは、自然を、人間が支配し利用するものと論じています。また、フランスのデカルトは、人間を「精神」と、身体や自然を「物体」と捉えたうえで、とくに生物を「機械」と見なしています。ベーコンやデカルトの考えは、人間中心主義の原型となり、近代の科学技術を進歩させ、工業を発展させたと言われています。

　ですが、のちに、科学の進歩によって、人間と動物が似ていることが明らかになり、さらに、工業の発展によって、環境問題が生じると、人間中心主義に対する疑念が生まれ、自然保護運動が起こり

ました。そして、人間は世界の中心にあるのではなく、自然の一部であり、自然はそれ自体で価値をもつ、と考えられるようになりました。このような考えは「非人間中心主義」や「自然中心主義」と呼ばれています。

これに対して、人間中心主義は、環境問題への反省から、環境問題を生じさせないような仕方で、自然を利用すべきである、と考えるようになりました。このような立場を「緩やかな人間中心主義」と言います。

人間中心主義と非人間中心主義は激しく対立しています。たとえば、自然の保護をめぐって、人間中心主義が、自然を利用しつつ保護する「保全」を唱えているのに対して、非人間中心主義は、人間の手を加えずに自然を保護する「保存」を唱えています。

次に、自然の価値の問題に移ります。現代の環境倫理は、基本的には、非人間中心主義の考えをとっていますが、自然の価値をめぐって、さまざまな立場に分かれます。非人間中心主義は、自然は、人間の生活の手段として価値をもつだけでなく、むしろ、それ自体として価値をもつ、と考えます。前者の価値を「手段的な価値」と、後者の価値を「内在的な価値」と言います。非人間中心主義は、自然に内在的な価値を認めるものですが、その「自然」をどう捉えるのかによって、「感覚中心主義」「生命中心主義」「生態系中心主義」という三つの立場に分かれます。

感覚中心主義とは、自然のうち、内在的な価値をもつのは「感覚をもつ」動物だけある、という立場です。それに対して、生命中心主義とは、「生命をもつ」存在はすべて内在的な価値をもつ、という立場です。さらに、生態系中心主義とは、内在的な価値はさまざまな生物からなる「生態系」に存する、という立場です。

感覚中心主義と生命中心主義は、すべての生物が内在的な価値をもつのか、という点で対立しています。ですが、個々の生物の価値を問題にする点では共通しています。それに対して、生態系中心主義は、内在的な価値をもつのは個々の生物か、それとも、生態系か、という点で、感覚中心主義や生命中心主義と対立しています。

　感覚中心主義や生命中心主義のような「個体論」と、生態系中心主義のような「全体論」では、しばしば見解が異なります。個体論は、個々の生命を奪う行為に対して、つねに反対します。ですが、全体論は、生態系が保たれるかぎりで、そうした行為を容認します。ただし、それは、場合によっては、生態系を保つ目的で、生命を奪う行為を正当化することにもなります。この点が個体論から批判されています。

　とはいえ、自然に内在的な価値を認める点では、個体論と全体論の考えは一致しています。そして、両者とも、自然の内在的な価値をもとづいて「自然の権利」を唱えています。

未来の世代への義務と責任

　続いて、未来の世代への義務や責任の問題について見ていきます。この問題は「世代間倫理」とも呼ばれています。

　現在の世代は、資源を大量に消費し、環境破壊や環境汚染を生み出しています。こうした状況が続けば、将来、資源が枯渇し、環境が劣悪になって、未来の世代が犠牲を強いられることが予測されます。では、現在の世代は、未来の世代に対して、そうした事態を防ぐ義務があるのでしょうか。この問いについては、そのような義務はないとする立場と、あるとする立場に分かれます。

　前者は次のように論じています。義務は権利に対応するものであ

り、権利と義務は契約によって成立する。だが、未来の世代と契約を交わすことはできない。なぜなら、未来の世代が存在しないからである。また、契約を交わすには、考えが共通していなければならない。だが、未来の世代の考えを想像することはできない。それゆえ、やはり契約を交わすことはできない。したがって、未来の世代への義務はない。

　それに対して、後者は次のように論じています。義務は必ずしも権利に対応するものではない。たとえば、親は子に対して一方的に義務を負っている。それゆえ、契約が交わされなくても、義務は成立する。したがって、未来の世代への義務はある。

　また、後者には、先に述べたロールズの正義論を用いて、未来の世代への義務を導こうとする試みもあります。それによると、無知のヴェールのもとで、人びとは自分がどの世代に属するのかを知らずに、正義の原理について討議します。そこで、人びとが合意に達するならば、その正義の原理は、のちの世代のために資源を残し、環境を守る義務を課すものであるはずです。したがって、いわば架空の契約によって、未来の世代への義務は成立します。

　さらに、未来の世代への義務があるのか、という議論とは別のところで、ドイツ生まれのヨナスは、未来の世代への「責任」を唱えています。

　ヨナスの「責任」は、「自分の行為に対して責任をもつ」という意味の責任ではなく、「あるものが存在できるかどうかが自分にかかっているときに、それに対して責任をもつ」という意味の責任です。そのような責任を、ヨナスは「乳飲み子」を例にとって説明しています。

　乳飲み子は自分だけで生きることができません。まわりの人びと

が乳飲み子を守らなければなりません。守らなければ、乳飲み子は死にます。つまり、乳飲み子が「いる」ということが、まわりの人びとに対して、乳飲み子を守る「べき」であるという責任を負わせるのです。その責任は、明らかで差し迫ったものです。

ヨナスはこのように説明し、乳飲み子への責任を、責任の原型としています。ヨナスの考えでは、責任とは、存在を脅かされているものに応えることです。そして、未来の世代は、乳飲み子と同じく、存在を脅かされているものなのです。

ヨナスの考えは、未来の世代だけでなく、「自然」にも適用することができます。そのこともあって、ヨナスの責任論は、環境倫理において強い影響力をもっています。

── 産業社会

産業社会とは

ここからは、「産業社会」の問題について見ていきます。

はじめに述べたように、環境問題とは、産業の発展によってもたらされる環境破壊や環境汚染のことです。産業は、第一次産業・第二次産業・第三次産業に大きく分けられますが、ここで言う「産業の発展」とは、産業の中心が第一次産業から第二次産業に移行することであり、これをとくに「産業化（工業化）」と言います。そして、第二次産業（工業）を中心とする社会のことを、とくに「産業社会（工業社会）」と言います。環境問題をもたらしたのは、この産業社会です。

一般に、産業は、経済が発展するにつれて、第一次産業から第二

次産業へ、さらに、第二次産業から第三次産業へ、その中心を移していきます。これを「産業構造の高度化」と言います。現代では、多くの国が、第三次産業を中心とする社会に移行しています。この社会は、かつては「ポスト産業社会（脱工業社会）」と呼ばれましたが、現代では、もはや当たり前になっています。そのこともあって、現在では、「産業社会」「ポスト産業社会」という言葉はあまり使われていません。

しかし、産業構造の高度化によって、環境問題が解決されたわけではありません。反対に、環境問題はいっそう深刻になっています。産業社会はけっして無くなったのではありません。それは、現代の経済社会の底にあって、それをずっと支えているのです。

このような産業社会は、「経済成長」をめざして「大量生産・大量消費・大量廃棄」を行う社会です。産業社会では、経済の成長を至上命題として、大量の財やサービスが生産され、消費され、廃棄されます。そうしたあり方が、資源を浪費し、環境を破壊していくのです。民間団体の「ローマ・クラブ」は、1972年の『成長の限界』という報告書で、経済成長という考え方が、大量生産・大量消費・大量廃棄を生み出し、環境破壊をもたらしたことをいち早く指摘しています。そして、人類の存続のために経済成長を抑えることを提唱しています。

また、産業社会は、「自由競争」にもとづく社会です。そのことに関連して、アメリカのハーディンは次のように論じています。誰でも自由に利用できる、共有の牧草地があるとする。人びとは自分の牛をできるだけ多くそこに放そうとする。その結果、牧草地は牛であふれ、荒れてしまう。これが「共有地の悲劇」である。ハーディンはこのように論じたうえで、環境を「共有地」にたとえ、人間

が自己利益を求めて自由に競争すれば、結果として、環境が破壊される、と主張しています。

適正な技術

では、産業社会を乗り越えるには、どうすればよいのでしょうか。それについては、さまざまな提案がなされてきました。

たとえば、ドイツ生まれのシューマッハーは、「技術」を転換することを提案しました。近代の技術は、大規模で複雑で高価であり、資源を大量に使用し、環境を破壊するものでした。そこで、シューマッハーは、それに代えて「中間技術」を唱えました。「中間」とは、先端的な技術と伝統的な技術のあいだという意味です。中間技術は、近代の技術に比べて、小規模で単純で安価であり、資源の利用を少量に抑え、環境に配慮するものです。そして、シューマッハーは、とくに発展途上国に対して、この中間技術を導入することを主張しました。

また、「代替技術（オルタナティヴ・テクノロジー）」も提唱されました。それは、シューマッハーの考え方をさらに推し進めたものであり、近代の大規模な技術を、環境と共存できる、より適正な規模の技術にすべて置き換えようとするものです。

中間技術と代替技術はともに、環境問題をもたらした産業社会に対する批判から生まれた考え方です。現在では、そうした技術は、一括して「適正技術」と呼ばれています。

持続可能な開発

また、国際社会でも、産業社会を乗り越える取り組みがなされてきました。そのキーワードとされたのが「持続可能な開発」です。

この言葉は、「環境と開発に関する世界委員会」が1987年に出した報告書『われら共有の未来』によって広まりました。

この報告書によると、持続可能な開発とは、「未来の世代が自分の欲求を満たす能力を損なうことのないように、現在の世代の欲求を満たすことができる」開発のことです。そして、報告書では、持続可能な開発の条件として、自然環境の保護を唱えています。

もっとも、「持続可能な開発」という言葉はあいまいであり、さまざまに解釈されてきました。「持続可能」については、今日では、(1) 再生可能な資源は、再生の速度を超えないように利用すること、(2) 再生不可能な資源は、再生可能な資源で代替できる速度を超えないように利用すること、(3) 廃棄物は、自然環境が吸収し浄化する速度を超えないように排出すること、という三つの条件を満たす場合に、「持続可能」と考えられています。

他方、「開発」については、大きな問題があります。元の言葉は英語の「ディベロップメント」であり、「開発」と「発展」の両方を意味しています。そこで、「ディベロップメント」をどちらの意味でとるかによって、考えも変わってきます。「開発」の場合には、経済や産業の「成長」として、「発展」の場合には、人間の生活や能力の「向上」として考えられるのが一般的です。

エコロジー

さらに、産業社会を乗り越える思想や運動として、「エコロジー」があります。

エコロジーは、厳密には、「学問としてのエコロジー」と「思想や運動としてのエコロジー」に分かれます。学問としてのエコロジーとは「生態学」のことであり、自然環境における生物の相互関係

を研究するものです。それに対して、思想や運動としてのエコロジーとは、一般に「環境保護思想」や「環境保護運動」のことであり、自然環境の保護を目的として、社会の制度改革や人間の意識変革をめざすものです。

　エコロジーは、もともと、生態系を研究する学問として成立しました。ですが、そこから、生態系の保護を提唱し、産業社会を批判する思想や運動が起こりました。そして、環境問題が深刻になると、環境保護を唱える多様な思想や運動が現れ、「エコロジー」と呼ばれるようになりました。現在では、先に述べた「自然保護思想」や「自然保護運動」もエコロジーの一つと見なされ、環境倫理もエコロジーから生まれたと考えられています。

　思想や運動としてのエコロジーには、さまざまな立場がありますが、もっとも有名なのは、ノルウェーのネスの「ディープ・エコロジー」です。ネスは、人間中心主義を批判し、すべての生命が平等な権利をもつと主張しました。そして、人間は、「自己」を個人から生命圏へと拡大して、自然と一体化することによって、自己を実現する、と論じました。

　ネスのディープ・エコロジーは、環境問題を根本から問い直すものとして、のちの思想や運動に大きな影響を与えました。もっとも、ディープ・エコロジーに対しては、自然による人間の支配を説く「エコファシズム」である、という批判もあります。

循環型社会

　エコロジーがめざす、社会の制度改革と人間の意識改革は、少しずつ前進しています。

　社会については、現在、「産業社会」から「循環型社会」への移

行が図られています。循環型社会とは、資源の消費を抑え、環境への負荷を減らす社会のことです。具体的には、廃棄物を減量する「リデュース」、再利用する「リユース」、再生利用する「リサイクル」という「3R」を実施し、それによって、「適正生産・適正消費・最小廃棄」を実現しようとするものです。

　循環型社会に対しては、当初、経済が停滞するのではないか、という懸念がありました。しかし、近年では、循環型社会への移行が、経済の活性化につながる場合もあることが明らかになっています。このことは、経済と環境が「トレード・オフ」の関係ではないことを、つまり、「経済成長は環境破壊を生み出し、環境保護は経済停滞を招く」というわけではないことを示しています。

　次に、人間については、近年、環境に対する意識が高まっています。また、環境に配慮した財やサービスを求める「グリーン・コンシューマー」も現れました。もっとも、人びとが、財やサービスを消費することを「豊かな生活」や「快適な生活」と考えるかぎり、大量生産・大量消費・大量廃棄がやむことはありません。環境問題を解決する鍵は、人間の考え方のうちにあります。

── 環境と正義

環境に関する南北問題

　最後に、環境における「正義」の問題について見ておきます。それは、環境に関する「不平等」や「格差」の問題です。

　まず、国際社会では、先進国と発展途上国の格差の問題があります。1992年の「国連環境開発会議（地球サミット）」では、環境保

護を唱える先進国に対して、経済成長を求める途上国が激しく反発しました。先進国は、途上国から資源を収奪し、途上国や地球の環境を破壊しておきながら、途上国が開発を進めようとすると、環境保護を理由に、それを阻止しようとしており、明らかに不公正である。これが途上国の考えでした。

　最終的には、先進国と途上国は「持続可能な開発」をめざすことで合意に達しました。先進国は「持続可能」によって、途上国は「開発」によって、みずからの主張が認められたと解したのです。持続可能な開発という言葉は、先に見たとおり、現在の世代と未来の世代の調和を図るものでしたが、この会議では、先進国と途上国の調和を図るものとして用いられました。

　そのことは別として、この会議で明らかになったのは、先進国が環境を破壊し、途上国が被害を受ける、という事実です。ここに、大きな不平等があります。さらに、資源の消費についても、先進国と途上国のあいだには、大きな格差があります。こうした不平等や格差の問題は、環境に関する「南北問題」と言われています。

　南北問題に関して、かつて、ハーディンは「救命ボートの倫理」を唱えました。それは、先進国を、定員に余裕のあるボートとし、途上国を、定員を超過したボートとして、ボートから投げ出された途上国の人びとを、先進国のボートに乗せるかどうかを問うものです。ハーディン自身は、この問いによって、途上国への援助が人口爆発を引き起こし、環境問題を悪化させていることを示して、援助の中止を主張しました。ハーディンの「救命ボートの倫理」は、環境に関する南北問題に気づかなかった、当時の先進国の論理を示すものであり、現在では、こうした立場は否定されています。

　また、近年では、かつての途上国の多くが新興国として急速な経

済発展を遂げ、環境を破壊し、資源を大量に消費するようになりました。そこで、環境に関する南北問題は解消されつつある、という指摘もあります。

環境正義

環境に関する不平等や格差の問題は、国際社会に限りません。国内でも、さまざまな問題が生じています。

たとえば、アメリカでは、有害廃棄物処分場の多くが、アフリカ系やヒスパニック系のアメリカ人が大半を占める地域に作られたり、放射性物質の開発が先住民の居住地で行われたり、有色人種への健康対策が遅れたりしました。そして、こうした事実が明らかになると、「環境人種差別」であるとして、抗議運動が起こりました。

さらに、環境問題が、人種差別だけでなく、階級差別や所得差別とも絡んでいることが明らかになるにつれて、抗議運動は、有色人種だけでなく、労働者階級や貧困層にも広がり、やがて「環境正義」運動と呼ばれるようになりました。そして、環境正義運動は、さらに展開されて、現在では、環境問題全体を問題にし、途上国、未来の世代、自然も対象とするようになっています。

環境正義は、狭い意味では、すべての人種、階級、所得層に対して公平な環境保護を求めるものであり、広い意味では、持続可能で公正な社会をめざすものです。どちらの意味でも、強者や富者が環境を破壊し、弱者や貧者が被害を受ける、という不平等を克服し、環境における強者と弱者、富者と貧者の格差を是正することを目的にしています。この考えは、環境保護と社会正義を結びつけるものであり、環境倫理の新たな展開とされています。

11
消費

　「消費」は、生産や流通と並んで、経済活動の基本とされています。ここでは、消費の本性・歴史・意味について見たうえで、消費社会や消費者の問題について考えていきます。あわせて、消費の新しい動きも紹介します。

●――消費とは

消費の本性と歴史

　まず、消費とは何でしょうか。一般的な定義では、消費とは、欲求の充足や効用の実現のために、財やサービスを利用したり使い尽くしたりすることです。市場における需要と供給に照らして言うと、生産が供給に関わるのに対して、消費は需要に関わります。そして、需要と供給の場合と同じく、消費と生産は表裏一体の関係にあります。さらに、経済活動に照らして言うと、消費はその最終目標になります。

　では、消費はどのように考えられてきたのでしょうか。古代や中世では、一般に、消費は否定的に捉えられていました。たとえば、「浪費」や「奢侈」は悪徳とされ、道徳的に非難されていました。もっとも、浪費や奢侈を行っていたのは王や貴族であり、庶民の消費生活はきわめて地味なものでした。

　ところが、近代になって、産業革命が起こり、産業社会が成立す

ると、消費をめぐる状況は一変しました。産業の発展により、大量生産が確立され、これまで裕福な人だけが所有していたものが、庶民の手にも入るようになりました。こうして、「消費革命」が起こり、「消費社会」が生まれました。

消費社会では、消費は肯定的に捉えられています。人びとは、消費に強い関心をもち、消費に喜びや楽しみを見出します。生産よりも消費を重んじ、消費を生活の中心にします。消費を悪徳とは思わず、むしろ「消費は美徳」と考えます。

そして、消費社会が進むにつれて、消費は高度になりました。人びとは、質の高いもの、新しいもの、多様なものを求めるようになりました。さらに、文化的なもの、個性的なもの、専門的なものも求めるようになりました。このような段階の消費社会は、とくに「高度大衆消費社会」と呼ばれています。

また、経済成長により、所得が上がり、大量生産により、商品の価格が下がりました。その結果、多くの人が欲しいものを手に入れることができるようになり、人びとの消費水準の差も縮まりました。それは「消費の平準化」と呼ばれています。

現代では、消費社会はさらに進み、消費はさらに高度になっています。現代の消費社会でも、消費は肯定的に捉えられています。しかし、のちに見るように、消費社会は、消費者問題や環境問題をはじめとして、さまざまな問題を引き起こしています。そのため、消費そのものも批判的に見られるようになり、その評価は以前よりも低くなっています。

消費の意味

消費の目的は欲求の充足や効用の実現にありますが、じつは、消

費には、それ以上の「意味」があります。では、その意味とはどのようなものでしょうか。

 たとえば、アメリカのヴェブレンによると、消費は、個人の社会的な「成功」や「地位」を示すものでもあります。そこで、人びとは、しばしば、みずからの効用を実現することよりもむしろ、自分の成功や地位を他人に示すことを目的として、消費を行うようになります。その動機は、必要よりもむしろ、見栄や競争心であり、そうした動機にもとづいて、人びとは必要以上のものを浪費するようになります。ヴェブレンは、そのような消費を「顕示的消費」と呼んでいます。

 ヴェブレン自身は、おもに、当時の上流階級の消費を問題にしていました。ですが、それと似たような消費は、中流・下流階級にも見られます。また、現代でも、多くの人は、自分の成功や地位を示すために、たとえば、いわゆる「ブランド」の商品を買ったりしています。現在は、このような消費はすべて、顕示的消費と呼ばれています。

 ただ、ブラント商品を買うのは、自分の成功や地位を示すためだけではありません。たとえば、自分らしさや他人との違いを示すために、つまり、個性を提示するために、ブランド商品を買うこともあります。さらに言うと、ブランド商品に限らず、ほとんどすべての商品を買うさいにも、人びとは、その商品がもつ「イメージ」を考慮します。そして、そのイメージを、自分の「個性」「感情」「気分」などを示すものとして利用します。その場合、人びとは、商品よりもむしろ、商品がもつイメージを買っているのです。

 では、なぜそうするのでしょうか。それは、主として、特定のイメージをもった商品を消費することで、自分の個性、感情、気分な

どを、他人に伝えるためです。言い換えると、他人とのコミュニケーションのために、商品が示すイメージを買っているのです。このように、消費には、コミュニケーションという役割があります。

　消費は、言語によらないコミュニケーションの一種です。言語の場合、言葉という「記号」を介して、コミュニケーションが行われます。それと同様に、消費の場合、商品という「記号」を介して、コミュニケーションが行われます。それゆえ、消費は、欲求の充足や効用の実現のためだけでなく、他人とのコミュニケーションのためにも行われるのです。言い換えると、消費するとは、商品という記号を消費することでもあるのです。このような考え方は、一般に、「記号消費論」と呼ばれています。それをいち早く唱えたのは、フランスのボードリヤールです。

　以上に見たように、消費は、社会的な成功や地位、自分の個性、感情、気分などを示すものでもあります。これらが消費のもつ意味とされています。

●── 消費社会

消費社会とは

　ここまで、消費の本性・歴史・意味について見てきました。ここからは、消費社会の問題について考えていきます。

　まず、消費社会とはどのような社会でしょうか。

　一般的な定義では、消費社会とは、消費水準の高い社会のことです。具体的には、生存に必要なものにとどまらず、質の高いもの、新しいもの、多様なもの、文化的なもの、個性的なもの、専門的な

ものが消費されているような社会のことです。

　また、経済学の定義では、消費社会とは、消費が経済活動の中心とされる社会のことです。具体的には、消費が経済活動の最終目標であり、生産よりも消費が重視され、消費が生産を規定するような社会のことです。ただし、じっさいには、消費が一方的に生産を規定するわけではありません。生産と消費は表裏一体の関係にあり、お互いを規定しています。それゆえ、経済学における消費社会は、需要の側から見た経済社会であり、産業社会の裏返しと言うこともできます。

　さらに、社会学の定義では、消費社会とは、消費水準が高く、消費が生活の中心とされ、さらに、そのことがさまざまな変化をもたらす社会のことです。この定義は、上の二つの定義を合わせたうえで、社会的な変化を加えたものであり、最も広いものです。社会的変化とは、たとえば、環境や人間や文化に与える影響のことです。

　では、消費社会にはどのような特徴があるのでしょうか。

　消費社会の大きな特徴として、まず、産業社会との深いつながりが挙げられます。先に見たとおり、産業社会が成立し、大量生産が確立されて、消費社会が誕生しました。それゆえ、消費社会を生んだのは産業社会です。しかし、消費社会が生まれると、ただちに、産業社会と消費社会はお互いを支えることになります。なぜなら、大量生産と大量消費はお互いを必要とするからです。

　また、消費社会の大きな特徴として、資本主義との関係も挙げられます。そのことは、現代の産業社会が資本主義の経済体制をとっていることからも明らかです。ただ、より重要なのは、資本主義の「市場」経済が消費社会に適していることです。市場では、消費者は自分の欲しいものを求めて、自由に動くことができます。そして、

生産者は、消費者の動きに合わせて、さまざまな財やサービスを提供します。こうして、消費は高度化していきます。

さらに、資本主義との関係に関連して、アメリカのガルブレイスは次のように論じています。現代の資本主義では、生産者は、財やサービスを産み出すだけでなく、消費者の欲望も作り出す。つまり、宣伝や販売術によって、消費者のうちに、新たな欲望を生じさせる。それゆえ、消費者の欲望は生産者に依存している。その多くは、消費者がもともと抱いていたものではなく、生産者があとから作り出したものである。このように、消費者の欲望が生産者に依存することを、ガルブレイスは「依存効果」と名づけています。

ガルブレイスの議論は、簡単に言うと、現代の資本主義では、消費は生産者によって作り出されるものである、というものです。この議論に従うと、消費社会も作り出されるものである、ということになります。

たしかに、ガルブレイスの言うとおり、現代の資本主義では、依存効果という現象がよく見られます。しかし、消費者の欲望が完全に生産者に依存していると考えるのは困難です。なぜなら、宣伝や販売術がどれだけ巧みであっても、消費者が本当に欲しいものでなければ、ほとんど売れないからです。それゆえ、依存効果は絶対的ではありません。したがって、消費にせよ、消費社会にせよ、作り出されるものとは言えません。

消費社会の問題

それでは、消費社会にはどのような問題があるのでしょうか。

第一に、いわゆる「消費者問題」があります。消費者問題とは、企業が欠陥商品や有害商品を生産したり、悪徳商法を行ったりする

ことで、消費者が被害や損害を受けることです。それは、消費社会の進展に伴い、大きな社会問題になっています。

　第二に、消費の不均衡という問題があります。資本主義の市場経済では、企業などの民間部門が提供する財やサービスが豊富になるのに対して、政府などの公共部門が提供する財やサービスが不足します。つまり、民間部門と公共部門のあいだで、資源の配分における不均衡が生じます。このような事態を「私的消費」と「公的（社会的）消費」の不均衡とも言います。

　第三に、消費における格差の問題があります。先に述べたように、消費社会では、経済成長による所得の上昇と大量生産による商品価格の低下が消費の平準化をもたらします。しかし、経済が停滞・後退すると、所得の格差が拡がり、商品の差別化が行われるために、消費の対象や内容に関して、階層間で格差が生まれます。

　第四に、消費に関する南北問題があります。たとえば、経済力の弱い発展途上国の多くは、コーヒーや砂糖などの一次産品を大量に生産し、先進国に輸出することで、利益を得ようとします。このような経済のあり方を「モノカルチャー」経済と言いますが、そのために、自国で必要な食糧のための耕作地が不足し、国民の消費水準がずっと低い状態にとどまっています。

　第五に、消費社会がもたらす環境問題があります。先に見たように、生産と消費は表裏一体の関係にあり、消費社会は産業社会の裏返しとも言えます。それゆえ、第10章で見た、産業社会が生み出した環境問題はすべて、消費社会がもたらしたものと言うこともできます。さらに、それらに加えて、いわゆる「ゴミ問題」も、大量消費に伴う大量廃棄によってもたらされたものです。

　第六に、消費社会における人間の問題があります。消費社会では、

人びとは、消費や余暇を生活の中心にしており、快楽的であり、勤勉ではありません。また、私生活を重んじ、他人のことを気にしつつも、社会のことには関心がありません。こうした人間性が大きな問題とされています。

そして、第七に、消費社会の倫理性という問題があります。それは、消費社会はそもそも倫理的か、という問題です。しばしば、生産者は倫理的に望ましくない商品を提供し、消費者もそれを求めます。両者が対等な関係にあり、ともに正義に適っているときにも、そうした事態が生じる可能性があります。だとすれば、理想的な消費社会であっても、それが倫理的であるとは言い切れません。

以下では、これらの問題のうち、とくに、消費社会における人間の問題について見ていきます。また、消費者問題についても、節を改めて見ることにします。

消費社会における人間

では、消費社会における人間とはどのような存在でしょうか。

消費社会における人間は、まず、産業社会における人間とは対照的な存在です。産業社会における人間は、生産と仕事を生活の中心にしており、禁欲的であり、勤勉でもあります。それに対して、消費社会における人間は、消費と余暇を生活の中心にしており、快楽的であり、怠惰ではないとしても、勤勉ではありません。ここでは、前者を産業型の人間と、後者を消費型の人間と呼ぶことにします。

一般には、消費社会の誕生によって、人間が産業型から消費型に移行したと考えられています。ですが、先に述べたとおり、産業社会から消費社会が生まれると、ただちに、両者はお互いを支えます。つまり、産業社会と消費社会は共存しており、消費社会の誕生によ

って、産業社会が消滅したわけではありません。したがって、人間が産業型から消費型に移行したと考えるよりも、重心を移したと考えるほうが正確です。分かりやすく言うと、人びとが生産や仕事だけでなく、消費や余暇も重視するようになった、あるいは、前者よりも後者を重視するようになった、ということです。

　ここで問題になるのは、生産と消費の両方に関わる多くの人びとのうちに、産業型と消費型という二つの対照的な人間が併存していることです。社会は、そうした人びとに対して、一方では、生産と仕事を生活の中心にすることを要求し、他方では、消費と余暇を生活の中心にすることを要求します。そこで、重要になるのは、産業型と消費型という二つの対照的な生き方のバランスをとることです。それは、第5章で見た「ワーク・ライフ・バランス」に通じるものですが、消費社会の問題として考えるならば、消費型の生き方に偏らないことが求められています。

　次に、消費社会における人間は、私生活を重んじ、社会のことに関心がないような存在です。個人の消費や余暇は、主として、自分や家族、友人などに関わる、私的なものです。そこで、消費や余暇に対する関心が強くなるにつれて、私生活が重んじられ、社会に対する関心が弱くなります。ひいては、私生活だけが目的とされ、社会に対する関心が失われます。

　じつは、どのような消費であっても、必ず、社会とつながっています。しかし、そのつながりは明確でありません。それに対して、生産は、消費よりも社会と密接につながっており、そのつながりも明確です。そこで、人びとの生活において、消費の占める部分が大きくなると、生産の占める部分が小さくなり、その分だけ、社会とのつながりが失われ、不明確にもなります。人びとが社会のことに

関心がなくなるのは、そのせいでもあります。

　ただ、社会のことに関心がなくなると言っても、自分のことしか考えないというのではありません。消費社会における人間は、他人のことを非常に気にします。そのことは「流行」という現象からも明らかです。人びとは、他人がもっているものを手に入れようとしますが、それは、多くの場合、流行に遅れたくないからです。しかも、人びとは、他人とまったく同じものではなく、少し違ったものを求めます。そして、そうすることで、自分らしさを見出し、それを他人にも示そうとします。

　このような生き方に対しては、自分らしさを見出すどころか、自分を見失うことになる、という批判もあります。しかし、自分というものが他人との違いによってしか表せないとすれば、そうした批判は的外れです。また、自己とは他者との差異のことである、という考え方は、現代では、むしろ一般的になっています。

　とはいえ、他人のことを気にする生き方には、大きな問題があります。それは、自分の判断や行為に対して責任を負わない、という問題です。他人の動きに応じて判断したり行為したりすることは、場合によっては、自分の判断や行為を他人に委ねることになります。そうすると、その判断や行為に対しては、責任を負わなくてもよい、ということになります。たとえば、みんながそうしたから、自分もそうしたのであって、自分だけが責められる理由はない、といった場合です。

　このような事例は、社会的に有害な消費の責任の問題や、大量に廃棄されるゴミの責任の問題など、消費社会ではよく見られることです。ここにも、社会とのつながりを欠き、社会に対する関心を失った、消費社会における人間の姿を見ることができます。

●── 消費者主権

消費者主権とは

続いて、消費者の問題について見ていきます。

はじめに述べたように、消費は経済活動の最終目標です。それゆえ、生産のあり方を決定するのは消費者です。このような考え方を「消費者主権」と言います。それは、古くからある考え方ですが、イギリス生まれのハットがこの言葉で表したことから、広く知られるようになりました。

現代の経済学では、消費者主権が成立する条件として、次の三つが考えられています。すなわち、消費者が十分な知識や情報をもっていること、消費者が合理的に判断し、自由に選択すること、そして、市場が完全競争市場であることです。さらに、消費者の「主権」に関して、二つの次元があると考えられています。一つは、消費者の欲望が主体的であること、もう一つは、消費者が市場で主導権をもつことです。

まず、消費者主権の成立条件について言うと、現実には、すべての条件を満たすのは困難です。次に、消費者主権の次元について言うと、実際には、先に見た「顕示的消費」や「コミュニケーション」としての消費のように、個人の消費が他者と深く関わる場合もあり、消費者の欲望がつねに主体的であるとは限りません。また、先に見た「依存効果」のように、消費のあり方を決定するのが生産者であるような場合もあり、消費者が市場でつねに主導権をもつとは限りません。

消費者問題と消費者運動

 じっさい、現代の消費社会では、消費者主権は容易には実現しません。そのことは、さまざまな「消費者問題」が存在することからも明らかです。

 先に述べたように、消費者問題とは、企業が欠陥商品や有害商品を生産したり、悪徳商法を行ったりすることで、消費者が被害や損害を受けることです。欠陥商品とは、構造上の欠陥のために、使用できなかったり、事故を起こしたりする商品のことであり、有害商品とは、有害な物質が混入したり、添加された商品のことです。また、悪徳商法とは、マルチ商法などの不法な商行為や、キャッチ・セールスなどの強引な商行為のことです。さらに、近年では、消費者金融の利用による多重債務や自己破産、販売方法の多様化に伴うトラブルなども、消費者問題として挙げられます。

 消費者問題は、消費社会の進展にしたがって増加しました。その理由としては、商品や販売方法が多様で複雑になったために、消費者が十分な知識と情報を得られなくなったこと、企業が大きくなったために、消費者の立場が弱くなったことなどが考えられます。

 消費者問題の増加をうけて、消費者は、被害や損害を受けないために、みずから組織的に活動するようになりました。そのような活動を「消費者運動（コンシューマリズム）」と言います。おもな活動として、欠陥商品や有害商品の告発運動、特定企業の商品の不買運動、商品テストの運動、消費生活協同組合の設立・運営があります。また、有名な例として、アメリカのネーダーによる欠陥自動車の告発運動があります。

 さらに、消費者は、運動のなかで「消費者の権利」を唱えました。その理論的な根拠とされたのは「消費者主権」です。そこで、この

言葉は、消費者は生産者に対して正当な権利をもつ、という考え方もさすようになりました。その意味で、コンシューマリズムは「消費者（主権）主義」とも訳されています。

消費者の権利と責任

　消費者問題の増加をうけて、政府も、消費者の保護のために、法律を制定したり、政策を実行したりするようになりました。その端緒とされるのは、アメリカのケネディ大統領が提示した「消費者の四つの権利」です。それは、安全である権利、知らされる権利、選択できる権利、そして、意見が反映される権利です。

　日本でも、これらの権利を取り入れた「消費者保護基本法」が制定されました。その後も、「製造物責任法（PL法）」「消費者契約法」「特定商取引法」など、消費者保護を目的とする法律が制定され、さらに、消費者行政を統括する消費者庁も設置されました。とくに、製造物責任法は、過失を損害賠償の要件としない「無過失責任」を製造者に負わせるものです。これにより、消費者は、製品の欠陥によって損害を受けた場合には、製造者の過失を立証しなくても、製品の欠陥を立証しさえすれば、損害賠償を受けられるようになりました。

　このように、政府の取り組みによって、消費者の権利が確立され、消費者の保護が推進されてきました。その一方で、近年では、消費者に対しても、「自己責任」が求められるようになっています。消費者保護基本法を改正した「消費者基本法」では、消費者は、たんに保護される存在ではなく、権利をもつ自立した存在として考えられています。そして、自分の消費に対して責任をもつことが、消費者の権利を行使することの条件、言い換えると、消費者主権の条件

とされています。

● ── 倫理的消費

倫理的消費とは

　近年、消費の新しい動きとして、環境や社会に配慮した消費が唱えられています。それらは、まとめて「倫理的消費」と呼ばれています。そこで、最後に、倫理的消費について見ておきます。

　倫理的消費のうち、環境に配慮するものとして、「グリーンコンシューマリズム」があります。グリーンコンシューマリズムとは、環境保護を目的として、環境に配慮した製品を購入したり、環境対策に積極的な企業の商品を選択したりすることです。また、社会に配慮するものとして、「フェアトレード」があります。フェアトレードとは、発展途上国の商品を公正な価格で取引することで、途上国の人びとの自立を支援することです。

　また、倫理的消費に関連した、企業の新しい動きとして、「コーズ（リレーティッド）マーケティング」があります。コーズマーケティングとは、商品の売上の一部を環境保護や社会貢献に充てることであり、販売促進の手法の一つです。

　倫理的消費は、消費者運動の新たな展開と考えられています。それは、消費者が、自分や家族、友人だけを考慮して消費するのではなく、地域・国・世界・地球といった、環境や社会にも配慮して消費する、というものです。このような「倫理的消費者」は「消費者市民」や「社会的消費者」とも呼ばれており、そうした消費者からなる社会は「消費者市民社会」呼ばれています。名称はともかく、

倫理的消費は、消費社会に見られる私生活の偏重を是正するものです。その意味で、消費のあり方を変えるものとして、消費社会を乗り越えるものとして、大きな可能性をもっています。

倫理的消費の課題

　ただし、倫理的消費には、いくつかの課題もあります。

　まず、倫理的消費の名のもとで、消費そのものが正当化されないようにすることが、倫理的消費にとって大きな課題になります。これまで見てきたように、消費はさまざまな問題を引き起こします。倫理的消費は、まさに、そうした問題を解決しようとするものです。しかし、倫理的消費によって、もちろん、すべての問題が解決されるわけではありません。それどころか、問題をいっそう深刻にする恐れもあります。

　たとえば、「エコ」を冠した商品が大量に生産され、大量に消費され、大量に廃棄されるという状況は、すでに現実のものになっています。エコ商品が市場に出回り、多くの人がそれらを買い漁っては、使い捨てています。エコは、その目的に反して、人びとの消費欲を抑えるどころか、それを煽っています。今後、エコに限らず、倫理的消費が大量生産・大量消費・大量廃棄を正当化し、環境破壊を助長する可能性は十分にあります。

　また、最近は、倫理的消費が自己顕示の手段にされたり、浪費や奢侈の対象にされたりする傾向が見られます。消費者が自分らしさを示す手段として倫理的消費を行うことは、それ自体としては、問題はありません。しかし、それが行き過ぎると、自分を他人に誇示するためだけに、環境や社会に配慮した商品を買う、ということになります。他方、浪費や奢侈は、それ自体としても、問題がありま

すが、消費に「倫理的」という言葉が付くことで、浪費や奢侈が容認されることになります。

　さらに、企業のなかには、倫理的消費を利潤追求のたんなる手段にしているところも見られます。企業が環境や社会に配慮した商品を提供したり、商品の売上の一部を環境保護や社会貢献に充てたりすることは、もちろん、望ましいことです。しかし、その場合、利益を上げることだけを目的にしているとすれば、環境や社会への配慮を売り物にしていることになります。

　これらの例に共通しているのは、倫理的消費が「免罪符」になっていることです。つまり、大量生産・大量消費・大量廃棄に伴う環境破壊を、消費者の自己顕示欲・浪費・奢侈を、そして、企業の利潤追求を無条件に正当化するものとして、倫理的消費が利用されている、ということです。そこで、倫理的消費が本来の目的を達成するためには、こうした事態を避ける必要があります。

　次に、倫理的消費が人びとにとって強制にならないようにすることも、倫理的消費の課題になります。環境や社会に配慮した消費活動は、もともと、消費者の自主性や多様性を確立しようとするものでもありました。しかし、そうした活動が「倫理的消費」と呼ばれるようになると、強制力を持つことになります。そして、場合によっては、社会がそれを個人に対して一律に強制することになります。さらに、倫理的消費が強制になると、経済的な理由などで環境や社会に配慮した商品を買えない人びとが、社会から差別を受けることになります。こうした事態も避ける必要があります。

　そして、これらの課題を克服できれば、倫理的消費は新たな「消費の倫理」になると考えられます。

12
経済、人間、社会

　ここまで、経済倫理学の歴史や原理、経済における倫理的な問題や経済体制をめぐる問題について見てきました。最後に、それらをふまえて、経済における人間のあり方や、社会における経済のあり方について考えていきます。また、経済に対する倫理のあり方についても考えていきます。

• ── 経済と人間

経済人

　まず、経済における人間のあり方から考えていきます。

　この問題を考えるうえで手がかりになるのは、「経済人（ホモ・エコノミクス）」です。第7章で触れたように、経済人とは、自己利益の最大化を目的として合理的に行動する個人のことです。それは、一般に、市場における人間のモデルとされています。

　経済人という考えは、古くは、スミスの議論のうちに見出されます。第7章で述べたとおり、スミスによると、あらゆる人は、市場において、正義の法を犯さないかぎり、まったく自由に、自分のやり方で自分の利益を求めることができます。そして、第8章で述べたとおり、商業社会では、人びとは、商人のように、他人と交換することで生活しますが、人びとを動かすのは、利己心や自己愛であって、慈愛や人間愛ではありません。このように、スミスは、市場

や商業社会における人間を、もっぱら自分の利益を求める利己的な存在として描いています。

　そして、近代の経済学では、経済人という考えは、その理論的な前提とされています。たとえば、ミルによると、経済学は、富を所有しようと欲し、その手段を判断できる存在としての人間だけに関わります。そして、富の追求の結果として生じるものだけを予測します。さらに、人間の感情や動機のうちで富に関係するものだけを問題にします。このように、ミルの経済学では、人間は自分の富を合理的に追求する存在として考えられています。

　さらに、ミルに続く経済学者たちも、それぞれの理論において、自己利益を目的として合理的に判断し行動する人間というものを前提にしています。もちろん、このような人間像は、学問上の想定にすぎません。ですが、現実の経済の世界にも広まって、一般的な人間観になっています。

　経済人という考えに対しては、批判も数多くあります。有名なものとしては、まず、ミルと同時代のイギリスのラスキンによる批判が挙げられます。ラスキンは次のように論じています。

　経済学者は、人間の本性のうち、社会的な愛情を偶然的なものと見なし、貪欲と進歩への欲望を不変的なものと見なす。そして、偶然的なものを取り除き、人間をたんに「貪欲な機械」と考える。そのうえで、どのような法則に従えば、最大の富が得られるかを検証しようとする。しかし、そのようにして検証された法則を、現実の社会に適用することはできない。なぜなら、その前提とされる人間があまりに抽象的だからである。それゆえ、現実の状況に対して、経済学者は無力である。

　また、経済学者は、人びとの利益が対立するとか、対立しないと

かを証明しようとする。しかし、人びとは、お互いの利益が対立するからといって、必ずや対立しなければならない、というわけではない。また、お互いの利益が異なるからといって、相手を敵と見なし、自分の利益を得るために、暴力を用いたり、謀略を巡らしたりするにちがいない、とも考えられない。さらに、人びとは、損得だけにもとづいて行為するわけではなく、むしろ、正邪にもとづいて行為するものである。

経済学者が想定する人間は抽象的であり、それを前提とする法則は役に立たない。また、経済学者は現実の人間を正しく捉えていない。ラスキンはそのように論じています。

また、経済人という考えに対する批判としては、近年では、センによる批判が有名です。センは次のように論じています。

伝統的な経済理論では、あらゆる個人は自己利益だけを動機とする、と想定されている。そして、個人の選択と個人の厚生はつねに一致する、つまり、個人は自分の効用を増大させるものを必ず選ぶ、と考えられている。

しかし、個人が自己利益だけを動機とするわけではないし、個人の選択と個人の厚生がつねに一致するわけでもない。たとえば、ある行為が自己利益をもたらし、自分の効用を増大させるとしても、その行為が他人に苦しみをもたらすことを知り、その行為を控えて、別の行為を選ぶ、ということもある。その場合、個人は、自己利益以外のものを動機としているのであり、自分の効用をむしろ減少させるものを選んでいるのである。

伝統的な経済理論は、このような事例を扱うことができない。それは非常に狭いものである。たしかに、自己利益だけを動機とするような人間であれば、その選択と厚生はつねに一致し、矛盾するこ

とはない。その意味では、そうした人間は合理的である。しかし、社会的に見れば、愚か者である。伝統的な経済理論は、このような「合理的な愚か者」に囚われているのである。

　伝統的な経済理論が想定する「経済人」は、自己利益だけを動機とするような、合理的な愚か者にすぎない。センはそのように論じています。

経済における人間
　ラスキンによる批判も、センによる批判も、経済学に向けられています。両者はともに、現実の人間とかけ離れた「経済人」を前提とするかぎり、経済学は現実の経済を正しく捉えることはできない、と主張しています。この主張は、経済人に対する批判に共通して見られます。

　そうした批判をうけて、現代の経済学では、経済主体の合理性を限定的なものと考えるようになっています。さらに、近年では、経済人という孤立的な経済主体そのものを否定する「制度学派」の経済学や、経済判断や経済行為における感情や価値観の働きを重視する「行動経済学」も誕生しています。このように、経済学では、経済人という考えは過去のものとなりつつあります。

　しかし、経済学とは対照的に、現実の経済の世界では、市場主義や新自由主義（ネオリベラリズム）の影響もあって、経済人という考えが支配的になっています。そこで、経済学とは別に、現実の経済における人間のあり方について考える必要があります。

　じつは、経済人という考えを示したスミスも、経済における人間のあり方について述べています。第7章で見たように、スミスは、市場における自由競争の条件として、「正義の法」を守ることを挙

げています。それゆえ、人間は正義の法を守るべきである、というのがスミスの見解です。また、スミスは、多くの人は、他人から共感されることを欲して、利己心をみずから抑え、正義の法を守るようになる、と主張しています。この主張に対しては、もちろん、多くの疑問や異論があります。

　スミスと同じく、経済人という考えを示したミルは、経済における人間のあり方について明確には述べていません。ですが、ミルの議論から推測することはできます。第3章で見たように、ミルは、公的な事柄に関わらせることで、人間を社会的にすることができる、あるいは、他人と協力することで、人間は社会的になる、と主張しています。この主張は経済についても当てはまります。それゆえ、人間は、私的な事柄だけでなく公的な事柄にも関わるべきであり、他人と競争するばかりでなく協力すべきである、というのがミルの見解と考えられます。

　また、スミスやミルの系譜に属するマーシャルは、とくに、企業家のあり方について論じています。マーシャルによると、企業家には、労働者の生活や社会の福祉を考慮する責務があります。企業家は、富を追求するだけでなく、騎士道の精神をもって、富を労働者の生活や社会の福祉の向上に役立てるべきです。また、企業家が騎士道の精神をもつことは、企業の繁栄と経済の発展をもたらすことにもなります。マーシャルはこのように論じ、「経済騎士道」を唱えています。それゆえ、企業家は、騎士道の精神をもって、社会に貢献すべきである、というのがマーシャルの見解です。

　一方、経済人という考えを批判したセンも、経済における人間のあり方について論じています。センは、経済人に代わるものとして、「共感」や「コミットメント」を有する人間を提示しています。

先に述べたように、センによると、ある行為が自己利益をもたらし、自分の効用を増大させるとしても、その行為が他人に苦しみをもたらすことを知り、その行為を控えて、別の行為を選ぶ、ということもあります。その場合、他人が苦しむのに心を痛めてそうすることもあれば、他人が苦しむのを不正なことと考えてそうすることもあります。センは、前者を共感によるもの、後者をコミットメントによるものと規定しています。

　センの考えでは、共感とコミットメントには大きな違いがあります。共感の場合には、他人の苦しみが自分にも苦しみを与えます。そこで、他人が苦しまないようにすることは、自分が苦しまないようにすることでもあります。その意味では、共感にもとづく行為は利己的です。それに対して、コミットメントの場合には、他人の苦しみが自分に苦しみを与えるわけではありません。それゆえ、コミットメントにもとづく行為はけっして利己的ではありません。

　センは、共感よりもコミットメントを重視し、経済行為におけるコミットメントの重要性を強調しています。それゆえ、人間は、たんに自己利益を目的として行為するのではなく、同時に、コミットメントにもとづいて行為すべきである、というのがセンの見解と考えられます。

　経済における人間のあり方をめぐっては、正義の法を守ること、公的な事柄に関わり、他人と協力すること、騎士道の精神をもって、社会に貢献すること、コミットメントにもとづいて行為することなど、さまざまな見解があります。どの見解をとるにせよ、少なくとも、経済人という考えだけではうまく行かないことは明らかです。同じことは、第6章で見た、企業の社会的責任をめぐる議論や、第7章で見た、市場の倫理をめぐる議論からも言えます。

◆──経済と社会

社会における経済の地位

　続いて、社会における経済のあり方について考えていきます。

　この問題は、社会における経済の地位という問題と、社会における経済の役割という問題に分けられます。前者については、古来より、数多くの議論がありますが、古典的なものとしては、マルクスの議論が挙げられます。

　マルクスはまず、経済が社会の「土台」である、と考えています。マルクスによると、社会は「下部構造」と「上部構造」からなっています。下部構造は社会の土台であり、その上に成立するのが上部構造です。そして、その下部構造を担っているのが経済です。それに対して、上部構造をなしているのは、法律や政治、哲学や宗教、芸術や道徳など、ほかのすべての領域です。つまり、マルクスの考えでは、経済が社会の土台であり、ほかのすべての領域は、経済の上に成立するのです。

　そして、マルクスは、社会の土台である経済が、社会のすべての領域を規定する、と考えています。マルクスによると、人間は、衣食住という「物質的な生活」を営み、そのなかで、さまざまな「意識」をもつようになります。物質的な生活とは、経済のことであり、意識とは、法律や政治、哲学や宗教、芸術や道徳など、ほかのすべての領域のことです。マルクスの考えでは、物質的生活は、意識によって規定されるのではなく、反対に、意識を規定します。つまり、経済は、ほかの領域によって規定されるのではなく、反対に、ほかのすべての領域を規定するのです。

さらに、マルクスは、経済が社会を変化させる、と考えています。第8章で述べたように、マルクスによると、人間は一定の生産様式のもとで生産を行います。生産様式は生産力と生産関係からなっており、人間は生産力に応じて生産関係を取り結びます。ところが、生産力が増大し、生産関係と矛盾するようになると、これまでの生産関係が存立しなくなります。そこで、人間は増大した生産力に応じて新たな生産関係を取り結びます。そして、それに伴い、社会も変化します。つまり、マルクスの考えでは、経済における生産力と生産関係の矛盾が社会の変化をもたらすのです。

　マルクスはこのように、経済は、社会の土台であり、社会のすべての領域を規定し、社会を変化させる、と考えています。マルクスの考えでは、経済が社会の中心にあり、社会全体を動かします。一般に、このような考え方を「経済中心主義」と言います。

　マルクスの考えに対しては、当然ながら、批判や異論もあります。とくに重要なのは、経済が社会のすべての領域を一方的に規定するわけではない、という批判です。

　たとえば、第2章で触れたように、ウェーバーは、プロテスタンティズムの世俗内禁欲という倫理が、資本主義の精神を形成し、近代の経済発展をもたらした、と説明しています。じつは、ウェーバーは、マルクスの考えを批判するという意図もあって、このような説明を行っています。そして、ウェーバーの説明が正しいとすれば、プロテスタンティズムという宗教や世俗内禁欲という道徳が、資本主義という経済を規定した、ということになります。つまり、経済が、ほかの領域を規定するのではなく、反対に、ほかの領域によって規定されることもある、ということになります。

　マルクスは、経済が社会のすべての領域を「一方的に」規定する

とは明言していません。そのため、マルクス自身の見解をめぐっては、解釈が分かれています。ただ、そのことは別にしても、経済が社会のすべての領域を一方的に規定すると考えることには、どうしても無理があります。だとすると、経済を社会の土台と考える場合にも、大きな制約や留保が必要になります。

経済の崩壊と突出

次に、社会における経済の地位について考えるうえで、重要な示唆を与えてくれるものとして、ウィーン生まれのポランニーの議論があります。それは、具体的には、市場経済の「崩壊」と「突出」に関する議論です。

ポランニーによると、人間の経済は「家政」「再分配」「互恵」「交換」という四つの原理からなっています。家政とは、親族や集落といった集団における自給自足のことです。再分配とは、生産物を中央の権力者に集約し、権力者が個人に分配することです。互恵とは、対等な集団が、贈与や返礼という形で、財物をやり取りすることです。そして、交換とは、市場において、個人や集団が財物を売買することです。これらの原理のうち、交換の原理が優勢になったのは、近代に入ってからです。

交換の原理にもとづく市場経済は、自立した「自己調整的市場」をめざし、そのために、すべてを市場化しようとします。たとえば、労働、土地、貨幣といった、本来は商品ではないものを「擬制商品」として扱おうとします。ですが、市場経済が自己調整的市場をめざそうとすると、それだけ、市場経済によって擬制商品とされたものを守る必要が出てきます。そこで、市場化を進める市場経済の動きと、市場化を抑える「社会の自己防衛」の動きが、同時に現わ

れます。ポランニーはそれを「二重運動」と呼んでいます。

　そして、ポランニーの考えでは、この二重運動の結果、社会の「大転換」が起こり、近代の市場経済は崩壊しました。自己調整的市場はユートピアにすぎなかったのです。ポランニーは、近代の市場経済が崩壊した証左として、社会主義、ファシズム、ニューディール政策を挙げています。

　ところが、市場経済は、実質的には崩壊したにもかかわらず、依然として、力を保っています。そこで、ポランニーは、市場経済を批判し、市場経済に代わる経済のあり方を提唱しています。

　ポランニーによると、市場経済は、自己調整的市場として自立するために、社会から離れ、突出しようとします。それでいて、自己を維持し完結するために、反対に、社会を自己のうちに包摂しようとします。じつは、市場経済が成立するまでは、経済は社会のなかに埋め込まれていました。しかし、市場経済が成立すると、反対に、社会のほうが経済のなかに埋め込まれてしまいます。そこで、重要なのは、経済を社会のなかに埋め戻すことです。そして、それを可能にするのは、交換に代えて、再分配や互恵を経済の原理とすることです。

　このように、ポランニーは、市場経済が社会から突出し、社会を包摂しようとすることを批判し、再分配や互恵の原理によって、経済を社会のなかに埋め戻すことを提唱しています。

　現代でも、市場経済は力を保っています。というよりも、正確に言うと、ポランニーの期待に反して、ますます優勢になっています。市場経済は、市場化をさらに進め、社会のあり方を大きく変えています。それゆえ、市場経済が社会から突出するのを抑え、経済を社会のなかに埋め戻す、というポランニーの提案は、いっそう重要な

検討課題になっています。

社会における経済の役割

続いて、社会における経済の役割の問題に移ります。

社会における経済の役割と言うと、一般的には、「富」や「物質的な豊かさ」の実現といったものが考えられます。ですが、それとは異なる見解をとる経済学者もいます。先に挙げたマーシャルもその一人です。

マーシャルはまず、経済学をこう定義しています。経済学とは、日常生活における人間に関する研究である。それは、一面では、富に関する研究であるが、他面では、そして、より重要な面では、人間に関する研究の一部である。この定義が示すように、マーシャルにとって重要なのは、富よりも人間です。

そして、マーシャルは、人間の、とくに労働者の「生活基準」の向上を問題にしています。生活基準の向上とは、より多くの欲望を満たすことではなく、生活態度を改め、知性・活力・自尊心を高めることです。第3章で触れたように、マーシャルは、労働者に対して、生活基準を向上させることを求めています。ですが、それとともに、労働者の生活基準の向上を可能にするような経済のあり方も探究しています。それゆえ、労働者の生活基準の向上を可能にすることが、経済が社会において果たすべき一つの役割である、というのがマーシャルの見解と考えられます。

また、マーシャルの弟子であるピグーも、社会における経済の役割について、独自の見解をとっています。

第3章で触れたように、ピグーは、人びとの経済的な厚生（福祉）の向上を経済政策の目的としています。ただし、ピグーの考え

では、厚生とは、たとえば、富のことではありません。富は、何かの手段として善いものですが、それに対して、たとえば、愛は、目的として善いもの、つまり、何かの手段としてではなく、それ自体で善いものです。そして、そのような「目的として善いもの」を総称して、ピグーは「厚生」と呼んでいます。

　では、厚生、すなわち、目的として善いものには、どのようなものでしょうか。ピグーによると、愛のほかにも、幸福、快楽、徳があります。いずれも、人間の心のあり方や、心と心の関係を表しています。ピグー自身は、厚生を、人びとの意識の状態とその関係と規定しています。

　ですが、厚生が心のあり方だとすると、経済学が厚生を対象とするのは、ほとんど不可能です。そこで、ピグーは、厚生のうち、貨幣によって測ることのできるものを「経済的な厚生」とし、経済学の対象を経済的な厚生に限定します。そのうえで、人びとの経済的な厚生の向上を経済政策の目的とするのです。

　では、ピグーにとって、経済が社会において果たすべき役割は何でしょうか。それは、言うまでもなく、人びとの経済的な厚生の向上です。ただし、それは、富のような財物ではなく、究極的には、人間の心のあり方です。

　マーシャルの「生活基準」にしろ、ピグーの「厚生」にしろ、精神的で主観的なものであり、経済学の対象としては、なじまないように見えます。ですが、社会における経済の役割としては、けっして現実離れしたものではありません。たとえば、人びとが求める「豊かさ」には、物質的なものだけでなく、精神的なものもあります。また、第9章で見た、福祉のさまざまな目的のうち、ノーマライゼーションやケイパビリティは、富や物質的な豊かさを超えたも

のです。そのように考えると、マーシャルやピグーの見解は、むしろ現実的と言えます。

•── 倫理的な経済

経済の倫理

　最後に、経済に対する倫理のあり方について考えていきます。

　一般に、「倫理的な経済」と言うときには、二つの場合があります。一つは、経済の内側に倫理があって、経済がその倫理を伴っている、という場合であり、もう一つは、経済の外側に倫理があって、経済がその倫理に適っている、という場合です。そこで、経済に対する倫理のあり方の問題も、経済における倫理のあり方の問題と、経済と相対する倫理のあり方の問題に分けられます。短く言うと、前者は「経済の倫理」の問題、後者は「経済と倫理」の問題です。以下では、前者については、スミスの議論を、後者については、ミルの議論を、それぞれ手がかりにして考えることにします。

　まず、スミスの議論から見ていきます。スミスは、利己心を正当化するだけでなく、「市場における倫理」も唱えています。

　第3章で見たように、「見えざる手」の議論も、「徳への道と財産への道」の議論も、利己心を正当化するものです。ただし、スミスは、利己心を無条件に正当化しているわけではありません。スミスの考えでは、利己心が認められるかどうかは、それが適度なものであるかどうかにかかっています。そして、それを判断するのは、利害に関わらない「公平な観察者」です。そこで、公平な観察者が共感できるような、適度な利己心だけが認められるのです。

そして、スミスが公平な観察者で想定しているのは、おもに、市場における「見知らぬ人びと」です。それゆえ、スミスがここで論じているのは、第7章で見た、市場における倫理です。市場では、正義の法を守ることだけが、公正（フェア・プレー）であることだけが必要とされます。また、スミスによると、慈善や仁愛といった徳は飾りにすぎず、とくに必要とされていません。市場における倫理は、スミス自身の言葉を使えば、「普通の程度の道徳」です。

　このように、スミスが唱える市場における倫理は、正義や公正だけを内容とする、普通の程度の道徳です。たしかに、見知らぬ人びとのあいだでは、このような倫理を成り立たせることでさえ、大変な努力を要します。それでもやはり、この倫理は、最もレベルの低いものと言わざるを得ません。

　また、市場では、人びとの目的はあくまで利益です。それゆえ、倫理は、利益を得るための手段であるか、利益を求めるなかで身についた結果であって、それ自体に価値はない、ということになります。このように、倫理が利益のたんなる手段や結果とされることにも問題があります。

経済と倫理

　次に、ミルの議論について見ていきます。ミルは、道徳と経済を対置し、道徳が経済に対して優位に立つと考えています。

　ミルはまず、「道徳的見地は経済的見地よりもなおいっそう重要な見地である」と明言しています。また、経済に対する道徳の優位は、有名な「富の停止状態」をめぐる議論のうちにも見出されます。ミルは次のように論じています。

　人間にとって最善の状態とは、貧しい者が一人もおらず、それゆ

え、より裕福になりたいと思う者もいない、という状態である。つまり、富への欲望が停止した状態である。こうした富の停止状態は、忌避すべきものではない。生活が豊かである、労苦や雑事から免れている、価値あるものを自由に求めることできる、といったことは、富の停止状態と両立するだけでなく、まさに、そこにおいて成立する。それゆえ、富の停止状態は、「人間の改善」の停止状態を意味するのではない。そこにおいても、人間は道徳的・社会的に進歩することができる。

　この議論のうちに見出されるように、ミルにとって重要なのは、富の増大よりも、人間の改善、あるいは、人間の道徳的・社会的進歩です。

　さらに、経済に対する道徳の優位は、社会制度の選択に関する議論のうちにも見出されます。ミルによると、いかなる制度を選ぶかは、国民をさらに進歩させる条件として、どのような改善が次に望ましいか、どの制度がそうした改善を促進しうるか、を考えて決められるべきです。それゆえ、それは、富の問題というよりもむしろ、道徳や教育の問題です。ここでは、社会制度の選択に関して、道徳や教育の観点が富の観点よりも重視されています。

　しかし、なぜ、経済的見地よりも道徳的見地のほうが重要なのでしょうか。その理由が明らかにされる必要があります。経済に対する道徳の優位を唱えるのであれば、その根拠が示される必要があります。そして、この課題に応えることは、道徳そのものを問い直すことです。しかし、ミルの考える道徳はさまざまであり、一義的に論じることができません。しかも、そのすべてにおいて、経済に対する優位が前提されています。

経済に対する倫理

　スミスやミルの議論は、経済に対する倫理のあり方について考えるうえで、いくらかヒントを与えてくれます。

　まず、経済における倫理のあり方について考える場合には、倫理のレベルが問題になります。経済において必要とされているのは、正義や公正だけでしょうか。それとも、正義以上のものが求められているのでしょうか。それは分野や状況によって異なります。

　スミスの「普通の程度の道徳」は、あらゆる市場に当てはまるような倫理です。だからこそ、スミスは、最低レベルの倫理について論じたのかもしれません。それゆえ、あらゆる経済に当てはまるような倫理を考える場合には、スミスの議論は参考になります。しかし、倫理のレベルについては、さまざまな分野で、それぞれの状況に応じて、そのつど検討されるべきです。

　次に、経済に相対する倫理のあり方について考える場合には、倫理の地位が問題になります。まず、倫理をルールと捉えるとしても、その拘束力によって、地位も変わってきます。倫理は、拘束力が強いときには、強制や命令になり、拘束力が弱いときには、忠告や勧告になりますが、それに応じて、経済に対する倫理の地位も、上位になったり、対等になったり、下位になったりします。それゆえ、倫理が経済に対してつねに優位に立つと考えるのは誤りです。

　また、倫理を、人間の生き方を示すものと捉えるならば、倫理には、人間の生き方における経済の価値について論じる資格があります。しかし、そのことは、倫理が経済に対して優位に立つ理由にはなりません。とはいえ、ミルの「人間の改善」は、人間生活の全体から経済を評価するものであり、経済のあり方について論じるさいには、重要な視点になります。

おわりに

　この本では、「入門の入門」書として、最も基本的なところから、経済倫理学を紹介してきました。経済倫理学をさらに知りたい方は、「読書案内」に挙げた「入門」書をぜひご覧ください。

　最後に、経済倫理学の意義と現況について、少しだけ述べたいと思います。
　経済倫理学の意義は、何よりもまず、経済における倫理的な問題について、何らかの解決策を示すことです。あるいは、それが難しい場合には、問題の所在や原因を明らかにすることです。そして、それを手がかりにして、経済のさまざまな領域のあり方や、経済そのもののあり方を探ることです。
　ですが、それだけではありません。その過程で、労働、企業、市場、福祉、消費など、経済のさまざまな領域における、新たな倫理を確立することも、経済倫理学の意義です。
　さらに、「人間のよき生き方」——これが「倫理学」としての経済倫理学の究極の課題です——における経済の意味について考えることも、経済倫理学の意義です。それは、人間のよき生き方という観点から経済を評価することでもあります。経済における倫理的な問題について考察する場合でも、そこで求められているのは、経済を相対化する視点です。ここに、「倫理学」としての経済倫理学の大きな意義があります。
　次に、経済倫理学の現況について紹介します。本文ではあえて触

れませんでしたが、経済倫理学には、二つの大きな系譜があります。一つは、アメリカの「ビジネス・エシックス」、もう一つは、ドイツの「経済倫理学」です。また、それらとは別に、フランスにおける、経済についての哲学的考察の系譜もあります。

　これらはいずれも高度な議論を展開しています。この本では、そうした議論を理解するのに必要な基礎知識を提供することを主たる目的にしました。そのため、とくにドイツとフランスの系譜については、ほとんど紹介することができませんでした。これらについても、「読書案内」の「入門」書をご覧ください。

　末筆ながら、弘文堂の中村憲生さんには、前著『プレップ倫理学』に続き、今回も大変お世話になりました。厚くお礼申し上げます。また、私事で恐縮ですが、惜しみない協力をしてくれた妻に心より感謝します。

　2014年9月

柘植尚則

読書案内

以下では、経済倫理学をさらに知りたい方のために、章ごとに「入門」書を紹介していきます。

……… I … 経済倫理学とは ………

1. 山脇直司『経済の倫理学』丸善、2002年
2. 川本隆史編『岩波　応用倫理学講義4　経済』岩波書店、2005年
3. 柘植尚則・田中朋弘・浅見克彦・柳沢哲哉・深貝保則・福間聡『経済倫理のフロンティア』ナカニシヤ出版、2007年
4. 橋本努『経済倫理＝あなたは、なに主義？』講談社、2008年
5. 松原隆一郎『経済思想』新世社、2001年
6. 佐藤方宣編『ビジネス倫理の論じ方』ナカニシヤ出版、2009年

1は、経済倫理学の代表的な入門書であり、経済の倫理的考察の歴史を辿ったうえで、新たな経済倫理学とその役割を提唱しています。2は、「講義」「セミナー」「問題集」などからなっており、経済倫理学の全体像を知ることができます。3は、労働、企業、消費、市場、経済体制、福祉といった、経済のさまざまな領域における倫理的な問題を、基本的なところから紹介しています。4は、現代のイデオロギーを類型化し、そこから、近年の経済倫理問題について考える、ユニークな入門書です。5は、経済思想の歴史（学説）と現在（テーマ）を分かりやすく紹介しており、経済倫理学の入門書としても最適です。6は、ビジネス倫理学だけでなく、競争や格差、消費者、企業と国家など、経済倫理学の領域も広くカバーしています。

……Ⅱ…経済倫理の歴史……

1. 芹川博道『経済の倫理』大修館書店、1994年
2. 保坂俊司『宗教の経済思想』光文社新書、2006年

　経済倫理の歴史を扱った入門書はそれほどありませんが、**1**で、その全体像を知ることができます。**2**は、さまざまな宗教の経済倫理を、とくに現代とのつながりで紹介しています。

……Ⅲ…経済倫理学の歴史……

1. 大田一廣・鈴木信雄・高哲男・八木紀一郎編『新版　経済思想史』名古屋大学出版会、2006年
2. ロバート・L・ハイルブローナー『入門　経済思想史　世俗の思想家たち』八木甫・松原隆一郎・浮田聡・奥井智之・堀岡治男訳、ちくま学芸文庫、2001年
3. 山崎好裕『経済学の知恵〔増補版〕』ナカニシヤ出版、2010年
4. 間宮陽介『市場社会の思想史』中公新書、1999年
5. 小峯敦編『福祉の経済思想家たち〔増補改訂版〕』ナカニシヤ出版、2010年

　1は、経済思想の歴史を思想家別に広く紹介した、オーソドックスな入門書です。**2**と**3**も、定評ある入門書ですが、読み物としても優れています。**4**は、自由をキーワードとして、市場社会をめぐる思想の歴史をコンパクトに解説しています。**5**は、福祉を主題として、経済思想の歴史を分かりやすく紹介した、他に類を見ない良書です。

……Ⅳ…経済倫理学の原理……

1. 田中朋弘『文脈としての規範倫理学』ナカニシヤ出版、2012年
2. 川本隆史『現代倫理学の冒険』創文社、1995年
3. 川崎修・杉田敦編『現代政治理論〔新版〕』有斐閣、2012年
4. 齋藤純一『自由』岩波書店、2005年
5. 竹内章郎『平等の哲学』大月書店、2010年

　1は、近年出版された倫理学の入門書のなかで、とくに優れたものです。倫理学の理論をバランスよく紹介しており、義務論、功利主義、徳倫理学に加えて、ケアの倫理も大きく取り上げています。2は、正義論と応用倫理学を主題とする、現代倫理学の有名な解説書です。少し前に出版されたものですが、今なお、倫理学を学ぶ人の手引になっています。3は、政治理論の代表的なテキストであり、自由、平等、公共性などの基本的な原理を分かりやすく説明しています。4は、自由をめぐるさまざまな思想や問題を簡潔に解説しており、入門書として最適です。5は、古代から現代に至る、平等に関する議論を網羅的に紹介しています。

……Ⅴ…労働……

1. 橘木俊詔編『働くことの意味』ミネルヴァ書房、2009年
2. 大庭健『いま、働くということ』ちくま新書、2008年
3. 今村仁司『近代の労働観』岩波新書、1998年
4. 杉村芳美『「良い仕事」の思想』中公新書、1997年

　1は、「働くということ」というシリーズの一冊として、一流の執筆陣が働くことの意味や働く人を取り巻く問題について解説しており、入門書として

も最適です。2は、現代の状況を踏まえたうえで、働くことそのものをめぐる普遍的な問題について考察しています。3は、近代を中心として、古代から現代に至る労働観を批判的に検討し、それをもとに、労働の意味や労働文明について論じています。4は、勤勉にもとづく従来の労働倫理に代わるものとして、「良い仕事」にもとづく「新しい仕事倫理」を唱え、良い仕事の思想の歴史を辿るとともに、新しい仕事倫理の可能性を探っています。

……Ⅵ…企 業……

1. 梅津光弘『ビジネスの倫理学』丸善、2002年
2. 高巌・T．ドナルドソン『ビジネス・エシックス〔新版〕』文眞堂、2003年
3. ジョゼフ・R・デジャルダン『ビジネス倫理学入門』文京学院大学グローバル・カリキュラム研究会訳、冨山房インターナショナル、2014年
4. 中谷常二編『ビジネス倫理学読本』晃洋書房、2012年

　1は、ビジネス倫理学の代表的な入門書であり、理論・実践・制度という三つの側面から、ビジネス倫理学を分かりやすく紹介しています。2は、企業倫理学の標準的なテキストの一つですが、基本的な説明にとどまらず、市場や経済、政治や法など、関連する諸分野も広く取り上げています。3は、定評あるテキストの最新版であり、企業をめぐる倫理的な問題の現状を知るのに最適です。4は、哲学・倫理学をベースとするビジネス倫理学の入門書であり、倫理学説ごとにビジネス倫理の問題を論じています。

……Ⅶ…市 場……

1. 金子勝『市場』岩波書店、1999年
2. 中村廣治・高哲男編『市場と反市場の経済思想』ミネルヴァ書房、2000年

3. 桂木隆夫『**市場経済の哲学**』創文社、1995年
4. 井上義朗『二つの「**競争**」』講談社現代新書、2012年

　1は、経済学を学んだことのない読者を対象として、市場について分かりやすく論じています。市場をめぐる議論をバランスよく簡潔に紹介しており、最初に読むべき本です。**2**は、経済思想史のテキストの一つですが、市場思想を軸にして経済学を捉え直すところに大きな特長があります。**3**は、「市場倫理学」の構築をめざした研究書ですが、前半では、市場経済の問題を対話形式で分かりやすく説明しています。**4**は、市場における自由競争が二つの側面をもつことを明らかにし、競争のあり方について論じています。

……Ⅷ…経 済 体 制……

1. 今村仁司編『**資本主義**』新曜社、1986年
2. R・N・バーキー『**社会主義**』淺沼和典訳、早稲田大学出版部、1985年
3. ペーター・コスロフスキーほか『**資本主義の倫理**』新世社、1996年
4. アラン・ライアン『**所有**』森村進・桜井徹訳、昭和堂、1993年

　資本主義や社会主義を主題とする入門書は、意外にも、それほど多くありません。そのなかで、**1**と**2**は、古いものですが、資本主義や社会主義について基礎から知ることができます。**3**は、現代のドイツの「経済倫理学」の立場から、資本主義における倫理の問題や、資本主義の道徳性の問題について考察しています。また、資本主義に至るまでの思想の流れや、資本主義に関する経済倫理的評価の起源についても説明しています。**4**は、私的所有権の正当化など、所有をめぐる問題について簡潔に論じています。

……Ⅸ…福 祉……

1. 武川正吾『福祉社会〔新版〕』有斐閣、2011年
2. 福祉社会学会編『福祉社会学ハンドブック』中央法規、2013年
3. 加茂直樹『社会保障の哲学』世界思想社、2012年
4. ノーマン・バリー『福祉』齋藤俊明・法貴良一・高橋和則・川久保文紀訳、昭和堂、2004年

　1は、福祉社会学の代表的な入門書であり、福祉に関するさまざまな問題を広く紹介しています。福祉のあり方について考えるうえで、必読の書です。2は、福祉社会学の枠組みや領域、福祉政策や福祉実践について、コンパクトに説明しています。3は、社会哲学の立場から、これまでの社会保障のあり方を検討し、これからの社会保障のあり方を展望しています。4は、政治哲学の立場から、福祉や福祉国家について、歴史的・理論的な考察を行っています。

……Ⅹ…環 境……

1. 加藤尚武編『環境と倫理〔新版〕』有斐閣、2005年
2. 高橋広次『環境倫理学入門』勁草書房、2011年
3. 細田衛士・横山彰『環境経済学』有斐閣、2007年
4. 相沢幸悦『環境と人間のための経済学』ミネルヴァ書房、2013年

　1は、環境倫理学を基本的なところから広く紹介しており、この分野におけるロングセラーです。2も、環境倫理学の標準的なテキストですが、さまざまな思想や立場を詳しく紹介している点に特長があります。3は、環境経済学の定評あるテキストであり、経済と環境をめぐる問題をていねいに解説

しています。4は、資本主義経済の歴史を辿り、それをもとに、環境や人間に配慮した経済のあり方を検討しています。

……XI…消費……

1. 間々田孝夫『消費社会論』有斐閣、2000年
2. 松原隆一郎『消費資本主義のゆくえ』ちくま新書、2000年

　1は、消費社会論の代表的な入門書です。消費社会のしくみ、消費社会における人間や文化、消費社会がもたらす環境問題について、分かりやすく説明しています。2は、消費という観点から資本主義を分類したうえで、現代の「消費資本主義」のあり方について考察しています。

……XII…経済、人間、社会……

　以下では、経済倫理学に関係するもの、経済と人間、経済と社会について論じたものを（研究書も含め）挙げておきます。

1. 西部邁『経済倫理学序説』中央公論社、1983年
2. ブライアン・グリフィス『道徳と市場経済』八木功治訳、すぐ書房、1984年
3. 竹内靖雄『経済倫理学のすすめ』中公新書、1989年
4. 佐伯啓思『欲望と資本主義』講談社現代新書、1993年
5. 佐和隆光『成熟化時代の経済倫理』岩波書店、1993年
6. 内橋克人『共生の大地』岩波新書、1995年
7. 高橋洋児『市場システムを超えて』中公新書、1996年
8. 鷲田清一『だれのための仕事』岩波書店、1996年
9. 内山節『貨幣の思想史』新潮社、1997年
10. ジェームズ・M・ブキャナン『倫理の経済学』小畑二郎訳、有斐閣、

1997年
11. 山崎益吉『経済倫理学叙説』日本経済評論社、1997年
12. ジェイン・ジェイコブズ『市場の倫理、統治の倫理』香西泰訳、日本経済新聞社、1998年
13. 今村仁司『交易する人間』講談社、2000年
14. 金子勝『経済の倫理』新書館、2000年
15. 広井良典『定常型社会』岩波新書、2001年
16. アルトゥール・ウッツ『経済社会の倫理』島本美智男訳、晃洋書房、2002年
17. 後藤玲子『正義の経済哲学』東洋経済新報社、2002年
18. 塩野谷祐一『経済と倫理』東京大学出版会、2002年
19. 大庭健『所有という神話』岩波書店、2004年
20. 斎藤槙『社会起業家』岩波新書、2004年
21. 松嶋敦茂『功利主義は生き残るか』勁草書房、2005年
22. アンドレ・コント゠スポンヴィル『資本主義に徳はあるか』小須田健・C．カンタン訳、紀伊國屋書店、2006年
23. 橘木俊詔『格差社会』岩波書店、2006年
24. 野尻武敏『転換期の政治経済倫理序説』ミネルヴァ書房、2006年
25. 塩野谷祐一『エッセー　正・徳・善』ミネルヴァ書房、2009年
26. 山森亮『ベーシック・インカム入門』光文社新書、2009年
27. 大竹文雄『競争と公平感』中公新書、2010年
28. 神野直彦『「分かち合い」の経済学』岩波新書、2010年
29. 伊藤邦武『経済学の哲学』中公新書、2011年
30. アラン・カイエ『功利的理性批判』藤岡俊博訳、以文社、2011年
31. 猪木武徳『経済学に何ができるか』中公新書、2012年
32. 小塩隆士『効率と公平を問う』日本評論社、2012年
33. 佐伯啓思『経済学の犯罪』講談社現代新書、2012年
34. 荒谷大輔『「経済」の哲学』せりか書房、2013年
35. J・J・フラーフラント『市場倫理とキリスト教倫理』関谷登訳、

教文館、2014年

最後に、経済倫理学に関係する事典・辞典も挙げておきます。

1. 『**現代倫理学事典**』大庭健（編集代表）、井上達夫・加藤尚武・川本隆史・神崎繁・塩野谷祐一・成田和信（編集委員）、弘文堂、2006年
2. 『**応用倫理学事典**』加藤尚武（編集代表）、丸善、2008年
3. 『**岩波現代経済学事典**』伊藤光晴編、岩波書店、2004年
4. 『**有斐閣経済事典〔第5版〕**』金森久雄・荒憲治郎・森口親司編、有斐閣、2013年
5. 『**経営倫理用語辞典**』日本経営倫理学会編、白桃書房、2008年
6. 『**現代社会学事典**』見田宗介（編集顧問）、大澤真幸・吉見俊哉・鷲田清一（編集委員）、弘文堂、2012年
7. 『**社会思想事典**』田村秀夫・田中浩編、中央大学出版部、1982年
8. 『**岩波社会思想事典**』今村仁司・三島憲一・川崎修編、岩波書店、2008年

*　　　*　　　*

なお、本書の執筆にあたっては、とくに（先に挙げたものも含め）以下の文献を参照させていただきました。記して感謝申し上げます。

川本隆史編『岩波　応用倫理学講義4 経済』岩波書店、2005年
小峯敦編『福祉の経済思想家たち〔増補改訂版〕』ナカニシヤ出版、2010年
佐藤方宣「市場の倫理――カーネギー、クラーク、ナイトの論じ方」、経済学史学会ほか編『古典から読み解く経済思想史』ミネルヴァ書房、2012年
武川正吾『福祉社会〔新版〕』有斐閣、2011年
間々田孝夫『消費社会論』有斐閣、2000年
柳沢哲哉「市場と信頼関係」、柘植・田中・浅見・柳沢・深貝・福間『経済倫理のフロンティア』ナカニシヤ出版、2007年

また、本書は、以下の拙稿と内容的に重なる部分があります。そちらもご覧いただければ幸いです。

「倫理学はビジネスをどのように見てきたのか」、田中朋弘・柘植尚則編『ビジネス倫理学――哲学的アプローチ』ナカニシヤ出版、2004年
「社会主義」、小松光彦・樽井正義・谷寿美編『倫理学案内』慶應義塾大学出版会、2006年
「歴史の中の労働」「労働の可能性と限界」、柘植・田中・浅見・柳沢・深貝・福間『経済倫理のフロンティア』ナカニシヤ出版、2007年
『プレップ倫理学』弘文堂、2010年
「倫理学から考える「倫理的消費」」、大阪ガス㈱エネルギー・文化研究所編『CEL』98号、2012年

事項索引

[**ア**行]

依存効果　*166, 171*
インセンティブ　*124*
インテグリティ　*95*
エコノミー　*3-4*
エコロジー　*156-157*
大きな政府　*125, 133, 140*
オルタナティヴ・テクノロジー　*155*

[**カ**行]

階層化　*140*
外部不経済　*110-111*
快楽主義　*49-50*
価格の自動調節機能　*97-98, 110*
格差　*13, 106-107, 111, 134-135, 167*
格差原理　*48, 57-58, 141*
拡張国家　*141*
価値共有　*94*
株主主権　*90*
貨幣　*1-2, 33, 120, 127-128, 185*
過労死　*82-83*
過労自殺　*82-83*
環境　*145-160*
環境人種差別　*160*
環境正義　*160*
環境保護思想　*157*
環境問題　*145-146, 153, 159-160, 167*
　　地球──　*145*
環境倫理　*148-149*
企業　*2-3, 81-96*
　　──の社会的責任　*12, 85-86, 88*
　　──の不祥事　*9, 85, 96*
　　倫理的な──　*95-96*
企業市民　*87*
企業統治　*93*
帰結主義　*50, 55*
記号消費論　*164*
擬制商品　*185*
基礎所得　*144*
義務　*53-55, 89, 109, 151-152*
義務論　*54-55, 63-64*
客観説　*49-50*
救貧法　*132, 134*
救命ボートの倫理　*159*
共感　*39, 63, 102-103, 181-182, 189*
共産主義　*44-45, 72, 122-124*
競争　*105-112, 119-121*
　　──の倫理　*109*
協同　*120*
協同生産　*120-121, 123-124*
共有地の悲劇　*154*
勤勉　*17, 24-25, 32, 63, 77, 168*
禁欲　*21-22, 24, 168*
　　世俗内──　*22, 184*
グリーン・コンシューマー　*158*
グリーン・コンシューマリズム　*174*

205

計画経済　*120-121, 124, 140*
経済　*1-4*
　──と倫理　*8-13, 189-190*
　──の倫理　*189*
　直接性の──　*24*
　倫理的な──　*189*
経済騎士道　*181*
経済人　*98, 177-182*
経済中心主義　*184*
経済倫理　*12-13, 17, 20, 22-24, 26, 28, 30*
経済倫理学　*14-16, 33, 49*
経世済民　*3, 28*
ケイパビリティ　*138, 188*
ケインズ−ベヴァリッジ体制　*47*
権原　*128*
倹約　*31-32*
権利　*51-53, 60, 109, 151-152*
　自然の──　*36*
権利論　*52-53*
公害　*85, 145*
交換　*33-34, 114-116, 185-186*
貢献(功績)原則　*141-142*
公衆衛生　*131*
公正　*35, 56-57, 101, 103, 108-109, 121, 141, 190*
厚生　*46, 179, 187-188*
　経済的な──　*187-188*
厚生経済学　*46*
公的扶助　*47, 131-132, 143*
幸福　*41-42, 49-53, 55, 129*
幸福主義　*50, 55*
公平な観察者　*103, 189-190*
功利　*51*

功利原理　*41-42, 51-53, 57*
功利主義　*41, 45, 50-54, 57, 63-64*
合理的な愚か者　*180*
コーズマーケティング　*174*
コーポレート・ガバナンス　*92-93, 95-96*
コーポレート・ソーシャル・レスポンシビリティ（CSR）　*85*
コミットメント　*181-182*
混合経済　*125*
コンシューマリズム　*172-173*
コンプライアンス　*93-96*

[**サ**行]

最大幸福の原理　*41*
最大多数の最大幸福　*41, 51*
再分配　*62, 139-142, 185-186*
搾取　*44, 119, 123*
産業化　*153*
産業社会　*153-157, 165, 167-169*
　ポスト──　*154*
私悪すなわち公益　*37*
私益と公益　*38-39, 42-43, 100-101, 117, 121*
資源・エネルギー問題　*146*
自己愛　*102-103, 113-114, 116, 177*
自己所有権　*128*
仕事中毒　*77, 83*
自己利益　*96, 98, 102, 105, 177-180, 182*
市場　*2-3, 39-40, 46-47, 97-112, 117-119, 121, 177*
　完全競争──　*98, 107-108, 171*

競争的——　*103-104*
　　グローバル——　*112*
　　自己調整的——　*185-186*
　　——における倫理　*101, 189-190*
　　——の失敗　*109-111*
　　——の没倫理性　*101*
市場化　*106, 185-186*
市場経済　*3, 105-106, 116-118, 121, 185-186*
市場社会　*99*
市場主義　*106, 111, 132, 139*
市場的厚生　*132*
自生的秩序　*47, 99, 101, 124*
自然　*149-151*
自然中心主義　*150*
自然保護思想　*148, 157*
持続可能な開発　*155-156, 159*
失業の罠　*144*
資本主義　*3, 22, 44-45, 71-72, 116-123, 125-126, 165-167, 184*
　　グローバル——　*126*
　　産業——　*118*
　　修正——　*125, 139*
　　独占——　*118*
市民社会　*37, 40, 69-70, 76, 112*
社会改良　*41*
社会革命　*122*
社会権　*52, 60, 139*
社会貢献　*86, 88-89*
社会主義　*44-45, 62, 72, 120-124, 126, 140*
社会主義市場経済　*126*
社会的企業　*91*
社会的責任投資（SRI）　*87*
社会的排除　*137*
社会的包摂　*137, 143-144*
社会福祉　*131*
社会保険　*47, 131-132*
社会保障　*45, 47, 131, 133, 139, 141*
奢侈　*18, 37, 161, 175-176*
自由　*52, 58-60, 62, 67, 99-100, 118-119, 124, 144*
　　自然的——の体系　*111*
　　消極的——　*59-60*
　　積極的——　*59-60*
　　利潤追求の——　*3, 116-117, 121, 124*
自由競争　*2-3, 12-13, 97-98, 100-101, 106, 111, 116-118, 121, 154*
自由権　*52*
私有財産制　*3, 116, 120, 123, 128*
自由主義　*59, 140*
　　経済的——　*111, 139*
　　古典的——　*59, 62*
終身雇用　*83-84*
自由放任　*47, 100, 117, 139*
自由放任主義　*111*
取財術　*34*
循環型社会　*157-158*
商業　*23, 27, 31, 33-35, 37, 68-69, 115, 119*
商業社会　*99, 113-116, 118-119, 177-178*
商業精神　*116*
正直　*27, 31*
商人　*26-28, 31-35, 68, 114, 116,*

177
　商人術　*34*
　消費　*1, 79, 161-176*
　　顕示的――　*163, 171*
　　――の平準化　*162, 167*
　　倫理的――　*174-176*
　消費革命　*162*
　消費者　*165-168, 171-176*
　　――の四つの権利　*173*
　消費者運動　*172, 174*
　消費社会　*162, 164-170, 172, 175*
　　高度大衆――　*162*
　消費者市民　*174*
　消費者主義　*173*
　消費者主権　*171-173*
　消費者問題　*166, 172-173*
　商品　*1-2, 35, 69-70, 97-98, 105, 117, 120-121, 164, 185*
　商品経済　*3, 116-117, 121*
　剰余価値　*44, 119*
　剰余労働　*44, 119*
　職業召命観　*20-21*
　職分仏行説　*27*
　食糧問題　*146-148*
　所有　*3, 36-37, 40, 99, 116, 120, 123, 127-128*
　　――と経営の分離　*90*
　所有権　*36-37, 69, 102, 127, 141*
　資力調査　*142*
　自利利他行　*26*
　人権思想　*51-52*
　新自由主義（ニューリベラリズム）　*59*
　新自由主義（ネオリベラリズム）　*125, 132-133, 140, 180*

　信頼　*103-104, 109*
　スティグマ　*142, 144*
　ステークホルダー　*90-91, 93-94, 96*
　性悪説　*30*
　生活基準　*45, 187-188*
　正義　*56-57, 63, 152, 158*
　　公正としての――　*57*
　　――の二原理　*57*
　　――の法　*101-103, 111, 180-181, 190*
　　配分的――　*56*
　正義論　*48, 57-58, 61-62, 152*
　性善説　*30*
　製造物責任法　*173*
　聖俗一致　*26*
　責任　*85-89, 151-153, 170*
　石門心学　*32*
　世代間倫理　*151*
　施与　*25*
　先義後利　*29*
　潜在能力　*48, 61, 138*
　選別主義　*142*
　ソーシャル・ビジネス　*91-92*
　租税　*140-141*

[**タ**行]

代替技術　*155*
大転換　*186*
タウヒード　*22*
脱商品化　*140*
小さな政府　*125*
知足安分　*31*
中間技術　*155*
中庸　*63*

ディーセント・ワーク　*73-75*
適正技術　*155*
天道人道論　*32*
道徳　*6*
　普通の程度の――　*190, 192*
徳　*56, 62-64, 109*
徳への道と財産への道　*39, 189*
徳倫理学　*63-64*
土地倫理　*148*
富　*17-19, 33, 46, 103, 107, 115-116, 127, 178, 181, 187-188*
　――の停止状態　*190-191*
貪欲な機械　*178*

[**ナ**行]

内部告発　*81-82*
ナショナル・ミニマム　*131, 133*
二重運動　*186*
ニューディール政策　*133, 186*
任意雇用　*83-84*
人間中心主義　*149-150, 157*
人間の改善　*42-43, 191-192*
ノーマライゼーション　*137-138, 188*

[**ハ**行]

働き過ぎ　*77, 83*
バリアフリー　*137*
バリュー・シェアリング　*93-96*
反市場主義　*106*
非帰結主義　*55*
ビジネス　*9-10*
　――の没道徳性　*9*
必要　*135-136*
必要原則　*141-142*

非人間中心主義　*150*
平等　*20, 24, 36, 52, 60-62, 99-100, 118-119, 121, 137, 144*
　機会の――　*61-62, 100, 119*
　結果の――　*61-62*
　財の――　*61*
　能力の――　*61*
平等権　*52*
平等主義　*62*
貧困　*41, 46-47, 133-135, 139*
　絶対的――　*135*
　相対的――　*135*
　――の罠　*143*
フィランソロピー　*86*
フェアトレード　*174*
フェア・プレー　*103, 190*
福祉　*4, 45-48, 106, 129-144, 181*
福祉国家　*45-48, 131-134, 139-141*
福祉社会　*139-140*
　日本型――論　*140*
物象化　*120, 124*
物神崇拝　*120, 124*
不平等　*13, 39-41, 44, 48, 57, 61-62, 105-107, 111, 123-128, 134-135, 158-160*
普遍主義　*142*
フリー・ライダー　*144*
プロテスタンティズム　*20, 22, 35, 68, 184*
分業　*114-116, 119*
分配　*45-48, 58, 61-62, 107-108, 120-121, 123, 141-142*
ベヴァリッジ報告　*133*
ベーシック・インカム　*144*

報徳　*32*
法令遵守　*93-94*
ホモ・エコノミクス　*98, 177*

[**マ**行]

マルクス主義　*121-122*
見えざる手　*38, 42, 100, 189*
ミーンズ・テスト　*142*
メセナ　*86*
目的論　*50, 55*
黙約　*99*
モノカルチャー経済　*167*
モラル・ハザード　*9*

[**ヤ**行]

夜警国家　*111*
豊かさ　*187-188*
ユニバーサル・デザイン　*137*
ゆりかごから墓場まで　*133*
欲望の体系　*40*
欲求充足説　*49-50*
予定説　*21*

[**ラ・ワ**行]

利益　*11-13, 21, 23-24, 26-27, 31, 34, 36-39, 43, 82, 91-94, 96, 100, 102, 113-114, 177-179, 190*
利己主義　*50*
利己心　*36-39, 42, 102, 114, 116, 177, 181, 189*
利潤　*34-35, 44, 117, 124*
利他主義　*50*
リバー　*23-24*
リバタリアニズム　*60, 141*
リベラリズム　*59-60, 62, 141*
倫理　*5-8*
倫理綱領　*93-94*
レッセ・フェール　*100*
労働　*22-23, 36-37, 52, 65-80, 82-83, 114-115, 119-121, 123, 127, 143-144, 185*
　尊厳ある──　*73-75*
　手の──　*68*
　──からの解放　*78-79*
　──の解放　*78-79*
　──の疎外　*70-72, 74*
労働価値説　*69-70*
労働社会　*76-77, 79-80, 83*
労働所有論　*69-70, 127*
労働する動物　*78-79*
労働中心主義　*77-80, 83*
労働力　*2, 44, 72, 76, 84, 117, 121*
　──の商品化　*117*
浪費　*161, 175-176*
ロック的但し書き　*127*
ワークフェア　*143-144*
ワーク・ライフ・バランス　*79-80, 169*

人名索引

[**ア**行]

アリストテレス（Aristotelēs, 384 B.C.-322 B.C.） *33-34, 56, 63, 68, 149*

アーレント（Hannah Arendt, 1906-75） *77-79*

イエス・キリスト（Iesus Christos, c.4 B.C.-c.30） *18-19*

石田梅岩（1685-1744） *30-32*

ヴェイユ（Simone Weil, 1909-43） *76*

ウェーバー（Max Weber, 1864-1920） *22, 184*

ヴェブレン（Thorstein Bunde Veblen, 1857-1929） *163*

ウェッブ夫妻（Sidney James Webb, 1859-1947/Beatrice Potter Webb, 1858-1943） *122*

エスピン＝アンデルセン（Gøsta Esping-Andersen, 1947-） *140*

エマーソン（Ralph Waldo Emerson, 1803-82） *148*

エンゲルス（Friedrich Engels, 1820-95） *122*

オーウェン（Robert Owen, 1771-1858） *121*

[**カ**行]

カーソン（Rachel Louise Carson, 1907-64） *148*

カーネギー（Andrew Carnegie, 1835-1919） *107-108*

カルヴァン（Jean Calvin, 1509-64） *20-21, 69*

ガルブレイス（John Kenneth Galbraith, 1908-2006） *166*

カント（Immanuel Kant, 1724-1804） *54, 59, 74-75*

クラーク（John Bates Clark, 1847-1938） *107-108*

ケインズ（John Maynard Keynes, 1882-1946） *46-47, 112, 125*

孔子（c.551 B.C.-479 B.C.） *28-29*

コーエン（Gerald Allan Cohen, 1941-2009） *128*

[**サ**行]

サン＝シモン（Claude Henri de Rouvroy, Comte de Saint-Simon, 1760-1825） *121*

シスモンディ（Jean Charles Léonard Simonde de Sismondi, 1773-1842） *118*

シューマッハー（Ernst Friedrich Schumacher, 1911-77） *155*

荀子（after 339 B.C.-c.235 B.C.） *28-30*

鈴木正三（1579-1655） *27-28*

スミス（Adam Smith, 1723-90） *38-39, 42, 59, 99-103, 111-117, 177, 180-181, 189-190, 192*

セー（Jean Baptiste Say, 1767-1832） *118*

211

セン(Amartya Kumar Sen, 1933-) *48, 61, 138, 140, 179-182*
ソロー(Henry David Thoreau, 1817-62) *148*

[**タ**行]

デカルト(René Descartes, 1596-1650) *149*
ドゥオーキン(Ronald Myles Dworkin, 1931-2013) *53, 58-59*
トマス・アクィナス(Thomas Aquinas, c.1225-74) *34-35, 68*

[**ナ**行]

ナイト(Frank Hyneman Knight, 1885-1972) *108-109*
二宮尊徳(1787-1856) *30, 32*
ネーゲル(Thomas Nagel, 1937-) *141*
ヌスバウム(Martha Craven Nussbaum, 1947-) *138*
ネス(Arne Naess, 1912-2009) *157*
ネーダー(Ralph Nader, 1934-) *172*
ノージック(Robert Nozick, 1938-2002) *52-53, 58-59, 112, 128, 141*

[**ハ**行]

ハイエク(Friedrich August von Hayek, 1899-1992) *46-47, 99, 101, 112, 124, 139-140*
ハット(William Harold Hutt, 1899-1988) *171*
ハーディン(Garrett Hardin, 1915-2003) *154, 159*
バーリン(Isaiah Berlin, 1909-97) *58*

ピグー(Arthur Cecil Pigou, 1877-1959) *45-46, 187-189*
ヒューム(David Hume, 1711-76) *99, 102*
プラトン(Platōn, 428/7 B.C.-348/7 B.C.) *68*
フーリエ(François-Marie-Charles Fourier, 1772-1837) *121*
フリードマン(Milton Friedman, 1912-2006) *88, 125*
プルードン(Pierre Joseph Proudhon, 1809-65) *121*
ベヴァリッジ(William Henry Beveridge, 1879-1963) *46-47*
ヘーゲル(Georg Wilhelm Friedrich Hegel, 1770-1831) *39-40, 59, 70, 77, 112*
ベーコン(Francis Bacon, 1561-1626) *149*
ベルンシュタイン(Eduard Bernstein, 1850-1932) *122*
ベンサム(Jeremy Bentham, 1748-1832) *41-42, 50, 59*
ホッブズ(Thomas Hobbes, 1588-1679) *99*
ボードリヤール(Jean Baudrillard, 1929-2007) *164*
ポランニー(Karl Polanyi, 1886-1964) *185-186*

[**マ**行]

マーシャル(Alfred Marshall, 1842-1924) *45-46, 181, 187-189*
マーフィー(Liam Murphy) *141*
マルクス(Karl Marx, 1818-83) *44-45,*

59, 71-72, 119-124, 183-185
マルサス(Thomas Robert Malthus, 1766-1834) *118*
マンデヴィル(Bernard Mandeville, 1670-1733) *37-39*
ミューア(John Muir, 1838-1914) *148*
ミル(John Stuart Mill, 1806-73) *42-43, 50, 59, 116-117, 178, 181, 189-192*
ムハンマド(Muhammad, c.570-632) *22-23*
孟子(c.370 B.C.-c.290 B.C.) *28-30*
モンテスキュー(Charles-Louis de Secondat, Baron de la Brède et de Mostesquieu, 1689-1755) *115*

[**ヤ**行]

ユヌス(Muhammad Yunus, 1940-) *91-92*
ヨナス(Hans Jonas, 1903-93) *152-153*

[**ラ**行]

ラスキン(John Ruskin, 1819-1900) *178-180*
リカード(David Ricardo, 1772-1823) *118*
ルカーチ(György Lukács, 1885-1971) *122*
ルソー(Jean-Jacques Rousseau, 1712-78) *59*
ルター(Martin Luther, 1483-1546) *20-21, 68*
レオポルド(Aldo Leopold, 1887-1948) *148*
レーニン(Vladimir Il'ich Lenin (Ul'yanov), 1870-1924) *122*
ロック(John Locke, 1632-1704) *36-37, 59, 69, 76, 99, 127*
ロールズ(John Bordley Rawls, 1921-2002) *48, 57-59, 61-62, 112, 140-141, 152*

【著者紹介】

柘植 尚則（つげ ひさのり）

1964年　大阪府生まれ
1993年　大阪大学大学院文学研究科博士課程単位取得退学
現　在　慶應義塾大学大学院文学研究科教授
専　攻　倫理学
主　著　『ビジネス倫理学』（共編著）ナカニシヤ出版、2004年
　　　　『経済倫理のフロンティア』（共著）ナカニシヤ出版、2007年
　　　　『近代イギリス倫理思想史』ナカニシヤ出版、2020年
　　　　『プレップ倫理学〔増補版〕』弘文堂、2021年

| プレップ経済倫理学 | プレップシリーズ |

2014（平成26）年10月30日　初版1刷発行
2023（令和5）年6月30日　同　2刷発行

著　者　柘植尚則
発行者　鯉渕友南
発行所　株式会社 弘文堂　　101-0062　東京都千代田区神田駿河台1の7
　　　　　　　　　　　　　　TEL 03(3294)4801　振替 00120-6-53909
　　　　　　　　　　　　　　https://www.koubundou.co.jp

装　丁　青山修作
印　刷　三美印刷
製　本　井上製本所

© 2014 Hisanori Tsuge. Printed in Japan
JCOPY 〈(社)出版者著作権管理機構 委託出版物〉
本書の無断複写は著作権法上での例外を除き禁じられています。複写される場合は、そのつど事前に、(社)出版者著作権管理機構（電話 03-5244-5088、FAX 03-5244-5089、e-mail: info@jcopy.or.jp）の許諾を得てください。
また本書を代行業者等の第三者に依頼してスキャンやデジタル化することは、たとえ個人や家庭内の利用であっても一切認められておりません。

ISBN978-4-335-15060-9